残疾人大众足球指导手册

（上）

中国残疾人体育运动管理中心　主编

北京体育大学出版社

策划编辑　吴海燕
责任编辑　吴海燕
责任校对　张志富
版式设计　联众恒创

图书在版编目（CIP）数据

残疾人大众足球指导手册. 上 / 中国残疾人体育运动管理中心主编. -- 北京 : 北京体育大学出版社, 2022.1

ISBN 978-7-5644-3612-4

Ⅰ. ①残… Ⅱ. ①中… Ⅲ. ①残疾人体育－足球运动－手册 Ⅳ. ①G843-62

中国版本图书馆CIP数据核字（2022）第021912号

残疾人大众足球指导手册（上）
CANJIREN DAZHONG ZUQIU
ZHIDAO SHOUCE (SHANG)　　中国残疾人体育运动管理中心　主编

出版发行：北京体育大学出版社
地　　址：北京市海淀区农大南路 1 号院 2 号楼 2 层办公 B-212
邮　　编：100084
网　　址：http：//cbs.bsu.edu.cn
发 行 部：010-62989320
邮 购 部：北京体育大学出版社读者服务部 010-62989432
印　　刷：唐山玺诚印务有限公司
开　　本：710mm × 1000mm　　1/16
成品尺寸：170mm × 240mm
印　　张：8.5
字　　数：106 千字
版　　次：2022 年 1 月第 1 版
印　　次：2022 年 1 月第 1 次印刷
定　　价：50.00 元

编制工作组名单

统　筹： 周　坤

监　制： 李春满

主　编： 李春满　高　凡　聂柏其　张春武　刘宝华
高胜杰　张业勤　王法鹏　李　翔

成　员： 张浩嘉　刘子彧　查润泽　崔　鹏　白斌华
孟令泽　葛世豪　丁　琨　李睿庭　刘泽鑫
周　芮　宋英哲　贺　明　刘　琦　闫立春
代青松　于　淼
（排名不分先后）

前　言

足球被誉为“世界第一运动”，深受世界各地人民的喜爱。因具有身体对抗性、思想整体性、技战术多变性及规则易行性等多方面特点，足球运动在残疾人群中同样拥有着广泛的群众基础。实践证明，通过大力发展残疾人足球运动，经常性开展残疾人足球项目比赛及训练活动，对于增强残疾人的体质、培养残疾人良好的意志品质、激励残疾人拼搏奋斗的精神、促进残疾人的身心健康和融入社会均具有重要作用，其成为推动残疾人体育事业不断向前发展和带动残疾人更加积极、活跃地参与康复健身的一个重要手段。

改革开放以来，在党和政府的关心和重视下，残疾人体育得到充分发展。足球运动无论是在残疾人竞技体育或是群众体育中都取得了较好的运动成绩和发展进步。盲人足球作为最具代表性、观赏性和社会认知程度最高的残疾人竞技体育比赛项目之一，在残疾人奥林匹克运动会上一直保持着优异的比赛成绩，充分体现了我国残疾人足球运动的发展水平。但与之相比，在聋人足球、脑瘫足球等运动项目领域仍存在发展不平衡、投入不足、后备人才缺失、运动水平与国际有差距等诸多问题，尤其在开展群众性足球项目普及推广的过程中，基层残疾人足球教练员、裁判员人才匮乏，缺少专业技术指导等方面问题突出，这在一定程度上影响了我国残疾人足球运动的快速普及与全面发展，难以满足残疾人日益增长的足球参与需求。

党的十八大以来，“健康中国”上升为国家战略，陆续出台了《“健康中国2030”规划纲要》《健康中国行动（2019—2030年）》《体育强国健身纲要》等政策文件，特别是中国残联和国家体育总局联合印发了《关于进一步加强残疾人康复健身体育工作的指导意见》，为新时期开展残疾人体育工作指明了方向。在这一重大利好条件下，聚焦上述问题，为进一步引领我国残疾人足球运动发展，强化该领域人才队伍培养和专业技术指导服务，中国残疾人体育运动管理中心组建专项工作组编制了《残疾人大众足球指导手册》，以用于更好地指导和帮助广大残疾人足球从业者和残疾人足球爱好者科学、规范地参与实施足球教学和比赛活动。

本手册在编写过程中兼顾了基于不同类别残疾人身心特点的分类指导要求以及基层教练员、裁判员和特教学校、残疾人服务机构、社区残疾人体育从业者等不同人群的多样性学习需求，并将相关知识内容分为上、下两册予以展现。上册着重体现基础理论和实践教学内容，共分为基础篇和教学篇2个篇章，主要涵盖了残疾人体育组织概况，残疾人足球运动概述，视力、听力、智力残疾人足球运动员身心特征与指导方法，残疾人足球运动员体能训练、运动损伤与急救等方面内容；下册更强调组织实践和工作指导，分为组织篇和案例篇，主要涉及残疾人足球赛事组织与活动管理，足球互动游戏、训练教学、竞赛规程指导案例及专用手语等方面内容。本手册还特别附加了彩色图片，以便于读者更好地理解、掌握本手册中的有关知识和内容。我们衷心地希望本手册能够为广大读者参与、开展残疾人足球运动、促进普及发展给予提供一定的指导和帮助，书中若有不当之处，敬请广大同人不吝赐教。

编　者

2021年11月

目　录

基础篇

教学篇

基础篇

足球作为一项广大残疾人所喜闻乐见的健身项目，具有一定的群众基础，可满足多种类别残疾人的康复、健身需求，发展和普及残疾人足球运动将成为带动残疾人体育事业快速发展的一个重要途径。本篇从残疾人体育组织和残疾人足球运动概述两个方面，介绍了国内外体育组织架构，盲人、特奥、聋人足球运动的发展，五人制足球比赛方法及足球运动给残疾人带来的益处，希望帮助各位读者了解残疾人足球运动的基本信息。

一、残疾人体育组织概况

本部分主要介绍与足球运动相关的国内外残疾人体育组织。

（一）国际残疾人奥林匹克委员会

国际残疾人奥林匹克委员会（International Paralympic Committee，IPC），简称国际残奥委会，是负责残疾人体育的国际机构，为非营利性国际组织。国际残奥委会负责组织并指导、协调残奥会和其他有多种残疾人参加的高水平体育赛事，特别是世界和地区性的锦标赛。

国际残奥委会正式成立于 1989 年，总部设在德国波恩，目前由 162 个国家及地区残奥委会和 4 个特定类别残疾人国际体育联合会组成。这 4 个特定类别残疾人国际体育联合会分别为国际脑瘫人体育和休闲运动协会、国际盲人体育联合会、国际智力残疾人体育联合会、国际轮椅和截肢运动联合会。

（二）国际盲人体育联合会

国际盲人体育联合会（The International Blind Sports Federation，IBSA）是为视力残疾人成立的体育组织，该组织于 1982 年在法国巴黎正式成立，总部现设在挪威。其主要任务是组织和发展视力残疾人体育活动。

（三）国际特殊奥林匹克委员会

国际特殊奥林匹克委员会（Special Olympics International，SOI），简称国际特奥委会，是为全世界智力残疾人参与提供体育训练和比赛设立的国际组织，也是国际奥林匹克委员会（以下简称国际奥委会）认可的可以使用奥林匹克名称开展活动的组织，多年来一直致力于在全球范围内推动特殊奥林匹克运动（以下简称特奥运动）的发展。

国际特奥委会是全球特奥运动的管理机构，总部设在美国华盛顿区，负责管理和指导世界性的特奥活动，监督国际及各国的特奥运动会和教练员培训的组织工作，并为重要的发展计划、国际会议及培训班提供支持和帮助。目前，全球超过 170 个国家和地区成立了特奥组织，每年为 500 万以上的运动员、100 万的教练和志愿者提供支持，涉及 32 种体育项目，其中包括特奥足球项目。

（四）国际聋人体育联合会

国际聋人体育联合会（International Committee of Sports for the Deaf，ICSD），成立于 1924 年，是负责组织国际聋人奥林匹克运动会和其他国际聋人体育竞赛的主要理事机构，总部设在瑞士洛桑，约有 116 个成员国。聋人足球运动项目自 1924 年被列入世界夏季听障奥运会。

（五）中国残奥委员会

中国残奥委员会成立于 1983 年，前身为中国残疾人体育协会，是为截肢者、脑瘫患者、脊髓损伤者和视力残疾人设立的体育组织，亦是国际残奥员会、国际盲人体育联合会的正式成员。

中国残奥委员会是全国性体育团体，是由中央有关单位，全国性各类（或单项）残疾人群众体育组织，各省、自治区、直辖市、计划单列市及省会市残疾人体育协会自愿组成的非营利性社会组织。

其训练和比赛项目主要包括射箭、田径、羽毛球、篮球、硬地滚球、自行车、皮划艇、盲人足球、盲人门球、盲人柔道、举重、赛艇、射击、游泳、坐式排球、乒乓球、跆拳道、网球、轮椅击剑、越野滑雪、冬季两项、高山滑雪、单板滑雪、冰壶、残奥冰球等。

（六）中国特奥委会

中国特奥委会（2004 年以前称中国弱智人体育协会）成立于 1985 年，是国际特奥委会的正式成员。

中国特奥委会是由各省、自治区、直辖市以及计划单列市智力残疾人体育组织自愿组成的非营利性群众体育社会团体，接受中国残疾人联合会、国家体育总局、民政部的业务指导和监督管理。

其训练和比赛项目主要包括水上运动、田径、篮球、羽毛球、自行车、足球、体操、排球、速度滑冰、花样滑冰、滚轴溜冰、乒乓球、保龄球和举重等。

（七）中国聋人体育协会

中国聋人体育协会成立于 1986 年，是国际聋人体育联合会的正式成员。

中国聋人体育协会是由各省、自治区、直辖市及计划单列市聋人体育组织自愿组成的非营利性群众体育社会团体，接受中国残疾人联合会、国家体育总局、民政部的业务指导和监督管理。

聋人适宜开展与健全人相同的体育活动，训练和比赛项目主要包括足球、篮球、游泳、田径、乒乓球、羽毛球、网球、跆拳道、自行车、越野滑雪和冰壶等。

二、残疾人足球运动概述

本部分主要介绍残疾人足球运动发展概况、比赛方法和残疾人参与足球运动的益处。

（一）残疾人足球运动的发展概况

1．盲人足球

盲人足球最初是在特殊教育学校为视力障碍儿童提供的游戏，至今已成为受全世界盲人群体欢迎的运动项目之一。盲人足球运动在西班牙最早发展并普及。

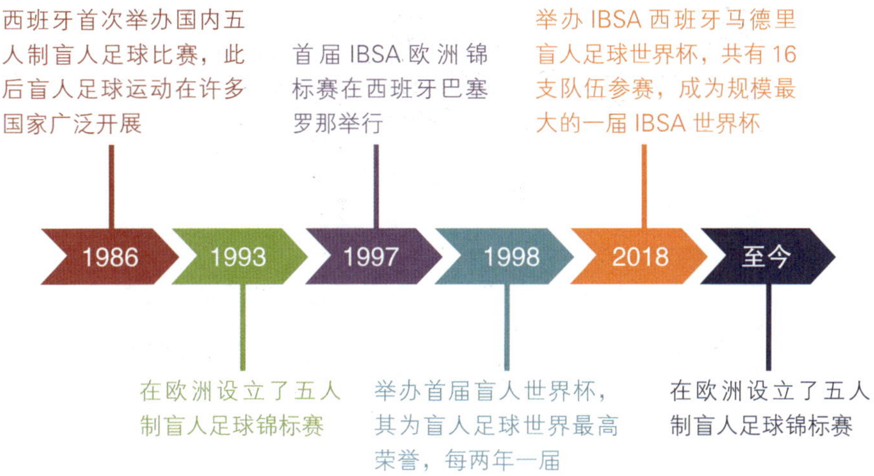

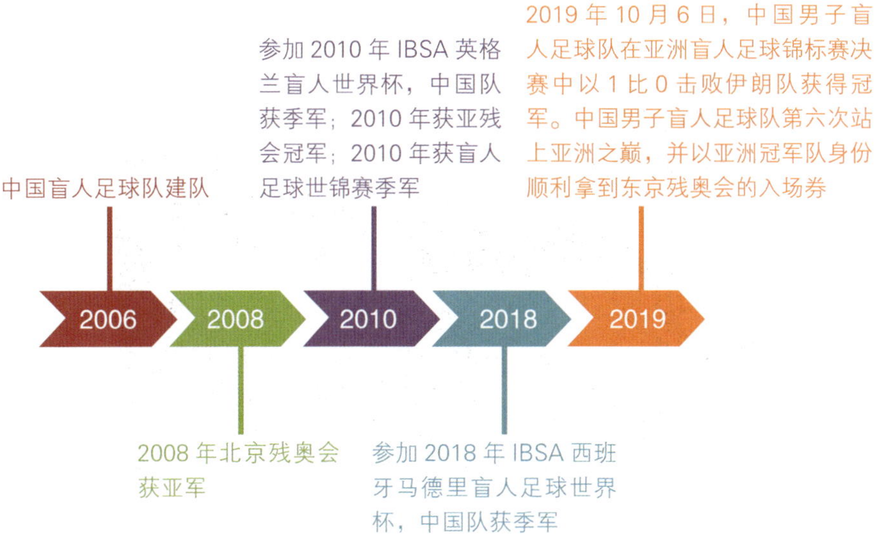

目前，世界上至少有 21 个国家和地区开展了盲人足球运动。盲人足球运动受到了各国政府的高度重视，也得到了全世界盲人群体的热爱，发展迅速。在亚洲，日本和韩国是较早开展盲人足球运动的国家。

盲人足球运动在我国开展时间不长，但目前我国盲人足球队已位列世界强队之列（图 1–1、图 1–2）。

图 1–1　盲人足球运动员正在比赛中

图 1–2　中国盲人足球队捐赠仪式在沈阳举行

在中国残疾人体育运动管理中心、中国残疾人福利基金会及一些国际企业的共同努力下，残疾人足球民间赛事也有较快发展。从 2015 年开始，在我国举办“三菱友谊杯”残疾人民间足球争霸赛，比赛设立了盲人组。赛会邀请日韩盲人足球队来华交流，进行对抗比赛，进行足球运动推广和技战术教学经验分享。

目前，盲人足球运动在我国特殊教育学校普遍开展，盲人足球作为九年义务教育体育课的内容被写入体育课程教材。盲人足球运动越来越受到社会各界和政府部门的关注与支持，残疾人大众盲人足球运动正在不断发展。

2. 聋人足球

聋人足球作为听力残疾人最早的游戏活动，最先在法国发展，并越来越受到广大听力残疾人的喜爱。

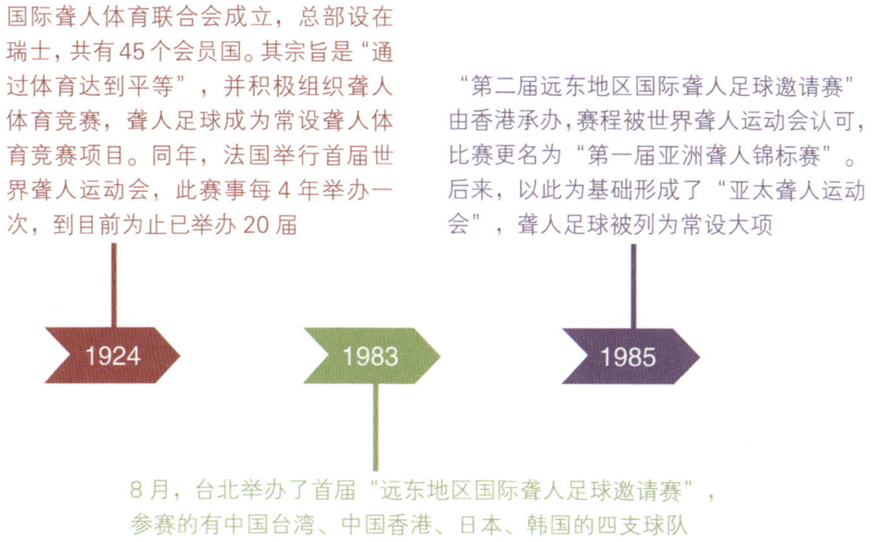

我国聋人足球运动起步较晚。2007 年、2011 年、2015 年、2018 年、2019 年全国残疾人运动会均设有聋人足球项目。从 2015 年至今，我国举办的“三菱友谊杯”残疾人民间足球争霸赛，设立聋人男子组、聋

人女子组、特奥融合组，参加该赛事的队伍和赛事规模逐年扩大，赛事活动不断创新。据统计，此项赛事从2015年的8个省、市19支代表队，发展到2019年的辐射全国25个省/区/市近77支基层代表队组队参加。大赛组委会还邀请日韩聋人足球队来华参加大赛，与我国基层聋人足球队进行比赛，同时，进行聋人足球比赛技战术和教学经验的分享及交流。2010年，长春大学聋人足球队成立。2017年，云南省聋人足球队、湖南省聋人足球队成立。2018年，江苏苏州盲聋学校、新疆乌鲁木齐市聋人学校足球队成立。各地聋人足球队迅速发展（图1–3～图1–6）。

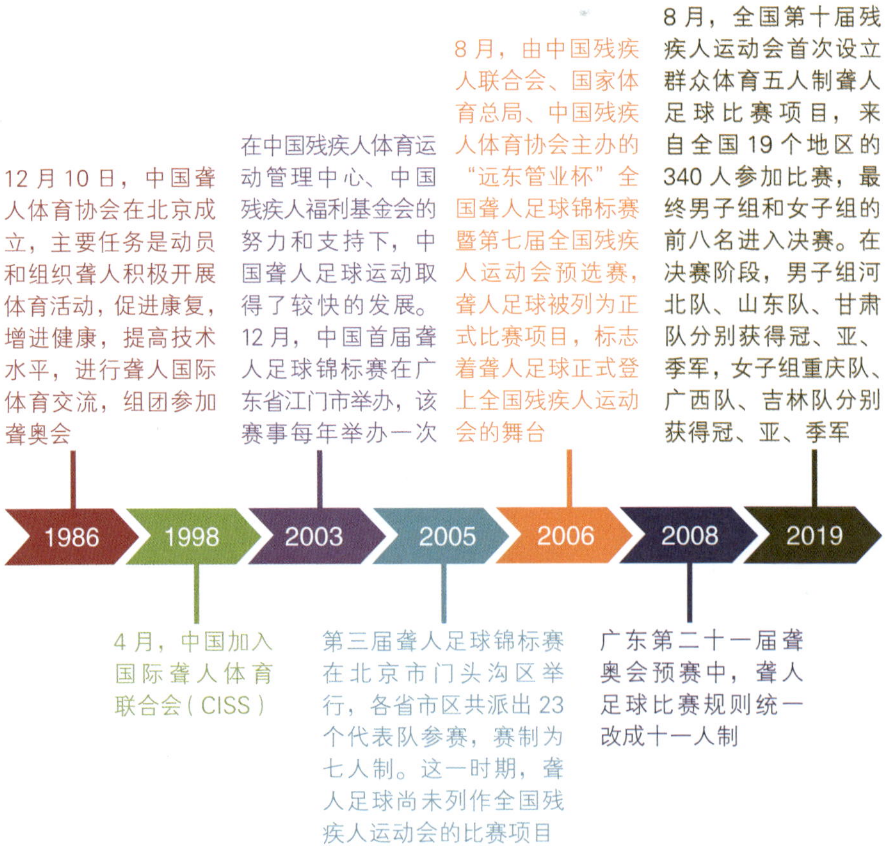

图 1-3　聋人女子组足球运动员在比赛中

图 1-4　教练员手语讲解

图 1-5　女子聋人足球队获奖后合影

图 1-6　聋人女子足球运动员获胜的喜悦

3．特奥足球

国际特殊奥林匹克委员会创立于 1968 年，总部设在美国华盛顿，是国际性的智力残疾人体育运动的民间团体，主要任务是帮助和推动世界各国开展智力残疾人体育运动，指导各国特殊奥运会活动的开展，负责定期举办国际特殊奥运会比赛。目前有 60 多个国家和地区参加国际特奥会组织及活动。

我国特奥运动的发展历程如下。

2015 年以来，在我国举办的“三菱友谊杯”残疾人民间足球争霸赛也设立了特奥融合组，参加比赛的队伍逐年增加，赛事规模及社会影响逐年扩大。

特奥融合足球是智力残疾人体育运动项目之一，其参与者是智力残疾人队员和非智力残疾人的融合伙伴。在特奥足球队中配有相应数量的融合伙伴，作为特殊球员的搭档。在特奥融合足球运动过程中，融合伙伴起着带领、辅助、引导等作用，负责帮助特奥足球运动员进行基础训练、组织比赛战术以及锻炼日常生活能力等。在训练和比赛的过程中，特奥足球运动员有意识地不断模仿对方的技战术，即可掌握足球运动技能，并逐步提升技战术水平（图 1–7、图 1–8）。目前，我国校园特奥融合足球运动还处在需要扶持的初级阶段。

20 世纪 50 年代

我国特奥运动源于 20 世纪 50 年代的特殊教育，其间开展的活动是我国智力残疾人体育运动的萌芽。而后开展的特奥运动自发且不系统，没有受到社会重视

1985

6 月 17 日中国弱智人体育协会在北京成立，7 月 6 日加入国际特奥委会组织，成为国际特奥委会的成员。该协会是在中华全国体育总会及中国残疾人体育协会的领导下，专门为智商在 70 以下的智力残疾人设立的群众性体育组织。协会接受中国残疾人联合会、国家体育总局、民政部的业务指导和监督管理，主要任务是组织开展智力残疾人特殊奥林匹克体育运动，使智力残疾人士在体育及康复活动中提高智力，减轻残疾程度，为其参加社会活动和建设创造条件

2004

中国弱智人体育协会于 2004 年改名为“中国特殊奥林匹克运动委员会”（简称“中国特奥委员会”），其是中国特奥运动的最高领导机构，下设省（自治区、直辖市）级、地市级、区县级特奥会

图 1–7　中国男子足球队原队员邵佳一与特奥足球运动员互动

图 1-8　中国残疾人体育运动管理中心党支部与平谷区特教中心党支部开展共建活动

1987：首届全国特奥运动会于3月27日—29日在广东省深圳市举行。特奥运动会设田径、游泳、篮球、足球、乒乓球、滚球、羽毛球、轮滑、举重等竞赛项目

2015：9月12日，中华人民共和国第九届残疾人运动会暨第六届特殊奥林匹克运动会在四川省成都市开幕，这是首次将全国残疾人运动会与全国特殊奥林匹克运动会合并，并在同一时期举办

2017：12月10日，我国第一届特奥融合足球赛在广州体育学院举行

2018：广州特奥融合学校足球项目正式成为曼城俱乐部城民关怀行动在全球支持的6个公益项目之一，搭建融合足球训练、科研、交流平台，开展为期1年的融合足球推广活动，推进了特奥融合足球运动的发展

2019：至2019年，特殊奥林匹克运动会已举办7届。其间，多次举行全国特奥足球比赛

（二）残疾人足球运动的比赛方法

以下主要介绍残疾人五人制足球运动的比赛方法及三种残疾人足

球运动特殊规则之间的异同。

1．五人制盲人足球

五人制盲人足球是专为视力残疾运动员设立的体育项目。比赛场地使用长 40 米、宽 20 米的室外人工草坪，室内木质或橡胶铺置的平坦地面。场地被中线划分为两个半场，赛场的中圈直径为 5 米。为保障运动员的安全，较长的两条边线由 1 ～ 1.2 米高的围板组成。在距每个球门柱外侧 1 米处，画两条垂直于球门线的线，这两条线向中线方向延伸 2 米，被一条与球门线平行的、长 5.82 米的线连接。连接线、垂直线与球门线构成的区域称为守门员区。以距球门中点左右 1.58 米处为圆心，以 6 米为半径沿球门线分别向场内各画一个 1/4 圆，两弧线的上部与一段长 3.16 米的直线相接，此直线与球门线平行。弧线与球门线组成的区域范围即为罚球区。由两球门柱之间的中点垂直于球门线向场内量 6 米和 8 米，分别为第一球点和第二球点。距离球门线 12 米处有两条虚线，用来区分引导区域，这两条虚线将球场分为前、中、后三个引导区域（防守区域、中场区域、进攻区域）。球门两门柱内侧之间的距离是 3.66 米，从横梁的下沿至地面的距离是 2.14 米。球体周长不小于 60 厘米、不大于 62 厘米，在比赛开始时重量不低于 510 克、不多于 540 克，在海平面气压等于 0.4 ～ 0.6 个大气压力（400 ～ 600 克 / 平方厘米）时，球体内配置发声系统，确保其在运动时能让运动员听见，从而使运动员感知球体的运行轨迹。

每场比赛为 50 分钟，上、下半场各 25 分钟，中场休息 10 分钟。比赛时，双方各派 5 名运动员上场，除守门员是 B2、B3 级或无视力障碍的运动员外，其余运动员均是 B1 级全盲运动员且必须佩戴中间衬有吸水布料或医用纱布的眼罩和头套。每支球队由一名引导员在对方球门后以语言组织本队进行前场进攻，同时教练员与守门员分别是中场与后场的语言引导员。

基于健全人五人制足球规则，在盲人足球比赛中，每场须配备2名裁判员在场上执法。同一队员累计5次犯规将被换下且不能在本场继续比赛。运动员做出故意触碰眼罩或头套、破坏安静、用语言迷惑对方、铲球或争抢球时低着头、抢截或争抢球、搜索球时大声说出“VOY”、守门员离开守门员区域等犯规与不正当行为时，裁判员将依据竞赛规则条款给予个人犯规或累计犯规的技术或纪律处罚。

五人制盲人足球比赛时，观众需要保持绝对安静。因为视力残疾运动员完全靠听力完成比赛，所以在比赛进行时保持安静不仅是对运动员的尊重，而且也是比赛能够顺利进行的前提条件。

2．五人制特奥足球

五人制特奥足球是专为低能力水平的智力残疾人设立的体育项目，包括队制和个人技术比赛，唐氏综合征运动员不能报名参加队制比赛。比赛场地使用长35～50米、宽30～40米的室外人工草坪，室内木质或橡胶铺置的平坦地面，低能力水平球队可以使用较小场地。球门最大尺寸为4米×2米，最小尺寸为3米×2米。球门区为8米×12米。球门尺寸为4米×2米的罚球点在7米处，球门尺寸为3米×2米的罚球点在6米处。12岁以下运动员使用4号球，其他运动员使用5号球。

每场比赛为30分钟，上、下半场各15分钟，中场休息10分钟。比赛时，双方各派5名运动员上场，其中1人为守门员，任何时候一方在场上的球员人数不得少于3人。没有越位限制，换人次数不限，运动员被换下后还可以回到赛场上参加比赛。

基于健全人十一人制和五人制足球比赛规则，在特奥足球比赛中，每场可配备2名裁判员在场上执法。中场开球可直接射门得分，如果将球踢入本方球门，则判罚对方发角球。绊球、推球、手球或撞人将判罚直接任意球。阻挡和危险动作将判罚间接任意球。如果一名运动员被罚下场（收到两张黄牌或一张红牌），该运动员不能再上场比赛，球队必须在缺少一名运动员的情况下打满两分钟。两分钟后，在得到裁判员同意且在界外球时，该运动员才可以作为替补上场。如果需要加时赛（2 个 5 分钟）来打破平局，应采用“金球”制加时赛（先进球的一方获胜）。如果比赛仍旧是平局，则采用罚点球的方式来决出胜负。教练员、观赛人员应以“勇敢尝试、争取胜利”的态度鼓励特奥运动员展现自我，避免因指挥或比分落后而产生过激情绪，导致运动员产生不适。

个人技术比赛包括 3 个项目：运球、射门和跑动传球。运动员须进行一轮分组赛，分组赛中每名运动员在每个项目上须进行一次预赛，根据 3 个项目的总分来将运动员分到各个组别，与其他能力相近的运动员一起参加决赛。在决赛环节，每名运动员在每个项目上有 2 次比赛机会，2 次比赛得分相加得到的总分为最后得分。

3．五人制聋人足球和五人制特奥融合足球

五人制聋人足球和五人制特奥融合足球比赛采用健全人五人制足球比赛规则。在五人制聋人足球比赛中，裁判员需要掌握一些手语，以便与运动员沟通，达到相互理解和融洽比赛气氛的目的。世界特殊奥林匹克运动会中不设立五人制足球比赛，但在国内，五人制特奥融合足球比赛开展得较为普遍。比赛中，守门员必须是特奥运动员，每队场上只允许有一名融合伙伴参赛，该名伙伴在比赛进行的任何情况下不能进入对方罚球区，如进入对方罚球区则由对方运动员罚间接任意球（此任意球不能由本方守门员发）。为保障特奥运动员的人身安全，比赛中融合伙伴不允许射门。若由融合伙伴造成直接或间接进球（包括触碰同队或对方队员），将由对方守门员发球门球。

（三）残疾人参与足球运动的益处

足球项目被称为“世界第一运动”，残疾人足球是残疾人体育的一个重要组成部分。开展大众残疾人足球运动，倡导“平等·参与·共享”理念，即让更多的残疾人发现足球的魅力，吸引更多的残疾人参与足球运动，不论年龄、性别、身体条件，只要自身具备参与这项运动的基本能力，并有兴趣参与的残疾人，社会都愿为其提供参与这项运动的渠道和条件。

有计划地发展残疾人足球运动，把足球带给更多的残疾人，有利于残疾人的康复，可以促进残疾人体育事业的发展，加快我国体育事业发展的步伐，为实现社会和谐发展提供一定的基础。

1. 增强残疾人的体质

发展残疾人足球运动可以促进广大残疾人的身心健康，唤起他们强烈的生存意志和向生命潜能挑战的决心，从而展示残疾人的创造力和社会价值。加强组织并建设各级各类残疾人足球队伍，普及残疾人足球训练及比赛，对于增强残疾人的体质，改善其身体机能具有重要作用。

2. 促进残疾人的心理健康，使其融入社会

开展大众残疾人足球运动，关注学校及社区残疾人足球运动群体，通过残疾人足球运动把更多的残疾人组织在一起，可以促进残疾人之间的交流、合作，使其一起分享足球运动带来的快乐，更好地融入社会。通过依托学校、社区及社会组织，进行系统的、有组织的训练和比赛，可以有效地促进残疾人足球运动竞技水平的提高和发展。提倡组织与健全人融合、共同参与的足球运动，可以为残疾人提供与社会融合、展示自我的舞台。残疾人足球运动提倡自我呈现和快乐运动，促进社会融合。

3. 激励残疾人拼搏奋斗

开展大众残疾人足球运动，可以激发残疾人自强拼搏、团队合作的精神。在学校、社区或社会组织中开展大众残疾人足球运动，足球教练员在训练及指导过程中要善于激励和引导，针对不同类别残疾人

的生理及心理特点，选择不同的组织方式，制订适合的、有针对性的训练方案，采取积极有效的方式激励参与群体发扬自强不息、勇于拼搏、团队合作的精神。

4．满足残疾人日益增长的参加体育活动的需求

在国家有关部门及中国残疾人联合会的领导下，我国残疾人足球运动已取得一定成绩，但在残疾人足球教练员技术水平提升及队伍建设、训练场地条件以及社会关注度、相关部门政策扶持、积极推进残疾人足球运动的普及等方面还存在一定问题。我们要建立健全残疾人足球的组织体系，广泛培养和选拔残疾人足球教练员，建设各级各类残疾人足球队伍，建立稳定的、高水平的教练员队伍，组建专业残疾人足球队，增强残疾人足球运动员的后备力量，提高运动员的基本素质，使我国残疾人足球健康有序地发展；提倡学校、社区、企业、专业协会等的密切合作，鼓励教育主管部门及政府相关部门的支持和配合，构建全社会残疾人足球运动体系；合理调配社会资源，建设残疾人足球运动场地及设施，积极开展残疾人足球训练及比赛，满足残疾人日益增长的参加足球运动等体育活动的需求。

5．彰显人权保障和社会文明成果

开展残疾人足球运动是体现人文关怀的一项影响深远的社会文明工程。培育和践行社会主义核心价值观，树立残疾人事业良好形象，营造良好的社会环境，加快推进残疾人小康进程，促进残疾人体育协调发展，提高残疾人足球运动的参与率和覆盖面，是政府及社会各界的一种责任。我们要彰显人权保障和社会文明成果，努力创造条件，为每一个参与者提供踢球和展示的机会，没有歧视和偏见，让足球成为残疾人的一项娱乐活动，激发残疾人兴趣，使残疾人快乐踢球。

教 学 篇

盲人足球

在盲人足球比赛中，除守门员是B2、B3级或无视力障碍的运动员，其余运动员均是B1级全盲运动员，在场地器材、参赛队员及比赛规则等方面均具有一定的特殊性。目前，全球有21个国家和地区开展了盲人足球运动。2004年，五人制盲人足球首次被列为雅典残奥会正式比赛项目；2005年，我国组织开展首届盲人足球锦标赛，来自19个省、市、自治区的盲人运动员参加了比赛。2008年北京残奥会，中国盲人足球队以不败战绩杀入决赛，最终惜败巴西队，获得银牌。中国盲人足球队在历届残奥会、世界杯、亚洲残运会及亚锦赛中均获得优异成绩。图2-1为盲人足球比赛的现场图片。

图2-1　盲人足球比赛的现场图片

一、盲人足球运动员的身体特征

盲人因视力残缺以及其他诸因素的影响，其生理及心理特征与健全人有较大差异。在盲人足球训练中，教练员要根据盲人的生理及心理特征进行训练内容，训练方案及训练方式、方法的设计，通过盲人足球训练、盲人足球比赛等活动，积极引导盲人发现足球的魅力并爱上足球运动。开展盲人足球运动可以帮助盲人消除其生理及心理特征造成的消极影响，使其自尊、自强，建立对生活的自信心，强壮身体，更好地融入社会。

（一）身体形态

按照国际盲人体育联合会五人制足球比赛规则，参赛上场队员视力为 B1 级（完全失明）及 B2 或 B3 级（视力部分缺失）。盲人足球运动员由于视力障碍者的生理特点，认识周围环境及外界事物主要依靠视觉以外的器官，接触外界刺激渠道较少，所以视觉表象、空间定向能力差。例如，对人的认识依据人的声音，对环境的认识凭借听觉、嗅觉和大脑想象，对事物的认识用手触摸等。盲人足球运动员认识外界事物的局限性使其表现出身体形态和认知方面的缺陷，如运动方向辨别能力差、技术动作迟钝、战术概念形成困难等。但有研究表明，盲人足球运动员的听觉、位觉和本体感觉等感觉机能水平明显优于正常足球运动员。

（二）身体素质

身体素质是衡量体能水平的核心指标，足球运动员的身体素质一般包括力量、速度、耐力、灵敏性以及柔韧性，盲人足球运动员的身体素质要求在很大程度上与常人相似。教练员在进行盲人足球运动员体能训练方案设计时，需要考虑盲人足球运动员的特点，科学选择和安排运动员体能素质的训练。

1．力量与速度

对盲人足球运动员而言，力量是核心素质，力量能够为比赛中各个阶段提供爆发性能量，能够支撑他们的运动得以完成。在盲人足球运动中，运动员需要强大的下肢力量支撑以完成运动过程，但同时应重视上肢和下肢力量的平衡。从盲人足球运动员的速度水平看，他们接收到听觉信号后，需要以极快的应急反应速度对足球偏移位置和偏移情况进行预判，让身体以较快的反应速度追赶足球，这一过程反映了盲人足球运动员全身反应速度和速度爆发程度。

2．耐力、灵敏性与柔韧性

盲人足球运动员耐力指运动员在运动中的有氧供能水平和有氧耐力程度。盲人足球运动员灵敏性指运动员在短时间内身体动作的转换能力。盲人足球运动员的柔韧性指肢体的各项延展能力。在运动及比赛过程中，盲人足球运动员的柔韧性是保障其安全的主要因素。柔韧性能够直接影响灵敏性，也会直接影响比赛中运动员速度的爆发水平，因此，教练员在对盲人足球运动员进行体能训练时，对柔韧素质的训练不可忽视。

（三）运动能力

盲人足球运动员需要具备很好的身体素质、听觉能力、运动协调能力及头脑急速反应能力。盲人足球运动员的听觉是认识和适应环境变化的主要途径，也是互通信息和交流的重要工具。在比赛中，盲人足球运动员通过对发声球体、队员呐喊、引导员提示语及观众嘈杂声等声波刺激所引起的感觉即听觉来辨别场地、器械的方向和距离，为将采取的行动提供决策判断。

二、盲人足球运动员的心理特征

视力障碍对盲人足球运动员的发展有巨大影响。但是，我们应该辩证地看待视力障碍给盲人足球运动员带来的影响。视力障碍可能给盲人足球运动员的身心发展带来不利的影响，也可能激发其代偿或补偿功能，促使他们发展一些健全人不具备的能力。

随着盲人接受文化教育和职业培训程度的提高，中国盲人足球运动员的人数也在逐步增加。由于盲人自身的缺陷，对于盲人很难进行常规心理测试。根据在日常教育管理工作中对盲人心理状况进行的连续多年的深入观察和专题调研，盲人的心理发展与健全人具有大致相同的规律，但由于生理缺陷和诸多社会因素的影响，不同类型、不同阶段的盲人也表现出一些特殊的心理特点。

（一）认知特征

盲人对外部事物和自我认知往往存在一定偏差。盲人对于一些抽象概念的形成较为困难，特别是颜色、平面形状等与视觉有关的概念。

盲人对于许多事物的判断容易出现偏差、片面或绝对化，有时显得爱“钻牛角尖”。多数盲人能够接受现实，对自身缺陷采取积极的补偿措施，愿意谈论残疾带来的问题，客观地考虑自身条件，集中精力做好自己能做的事，在运动中能够表现出与健全人一样的竞争精神。盲人在自我认知方面的偏差主要表现为自视过高或自我贬低。自视过高者无视自身条件，认为凡是健全人能做到的自己都能做到，甚至可以做得更好。自我贬低者则认为自己是社会、家庭的包袱，甚至认为生存下去只能给自己增加痛苦，给别人增添麻烦。

盲人的自我认知能力和健全人相比并没有特殊之处。但是，第一性缺陷（视觉损伤）的存在，使得他们与第一性缺陷有关的派生缺陷明显，这些派生缺陷也明显地表现在他们的认知能力上，主要包括以下几个方面。

1．缺少视觉表象

缺少视觉表象是明显的派生缺陷。这个缺陷的存在使得盲人的事物表象不完整，进而对学习概念、词汇等造成一定的不良影响。这是教育补偿或早期干预必须关注的重要问题。

2．触摸觉、嗅觉比较灵敏

由于器官的代偿作用和有意的补偿训练，盲人的触摸觉、嗅觉等明显比健全人好。例如，健全人指尖的两点阈为1.97毫米左右，而盲人指尖的两点阈一般在1.02毫米左右。其实，这也不是盲人固有的特点，而是锻炼或学习的结果。

3．听觉特点

通常来讲，盲人的听觉灵敏，但研究显示，其听力损失比较明显。也就是说，盲人的听力并没有人们想象的那样好。相反，他们的听力损失比健全人更普遍，听力损失的出现率高达41.5%。其主要的原因就是盲人不能像健全人那样有效地躲避可能带来的听觉损伤。例如，盲人不能像健全人那样有效而快速地躲避强烈的声音，如雷声等，从而导致听力损伤。所以，不要盲目地认为，代偿或补偿会使被代偿或补偿的器官的能力加强，相反，可能会在代偿或补偿不当的情况下带来损伤。这也提醒我们，在对盲人进行足球训练时，要引导他们适度使用各个器官。

4．盲人的其他认知特点

盲人在语言方面并没有健全人好。在个性上，由于受到行动的限制，一些盲人不乐意和别人交流，甚至形成自卑心理。

（二）思维特征

盲人必须面对三大难题：一是因残疾带来的诸多不便和困难；二是残疾造成的他人的歧视与不平等待遇；三是本人能否在逆境中建立起自尊、自信、自强、自立的精神支柱。这些是每个盲人在意志方面必须经受的考验。

盲人虽然无法正常用眼睛感受这个世界，但是在某些方面会表现出惊人的代偿现象。多数盲人能通过加强记忆和触觉、听觉、嗅觉来弥补视力丧失的缺陷，有些功能代偿达到了非常高的程度，靠一根盲杖千里独行的青年盲人也不在少数，但这些都要靠盲人高度集中精神、长期刻苦磨炼才可能实现。此外，也有少数盲人缺陷补偿能力较弱，约有 4% 的盲人认为必须依赖别人的照顾才能生存。

国内曾经有调查结果表明，盲人的独立意向较差，盲人中有独立意向者仅占 17%，但该调查是以在校盲人为主要对象的。实际上，大部分盲人具备很强的独立意向。研究人员在长期观察和调研中发现，多数青年盲人具有较强的独立意向，在调查问卷中，78% 的青年盲人回答“认准目标，再难也要坚持到底”，回答“常因别人的话改变主意”的仅占 23%，这个比例与他们的实际情况也基本相符。

（三）情感特征

盲人在情感上与健全人相比会表现出较大的区别，主要表现在以下几个方面。

1．孤独感

盲人往往因自幼缺乏温暖（特别是在社会福利机构长大的弃婴）或者由于封闭式教育而产生孤独感。有些盲人不愿与社会接触，性格孤僻，爱独自读书、听收音机，沉溺于幻想和自怜中。

2．情绪不稳定

情绪不稳定是盲人突出的特征，有些盲人比较敏感，常常感到自己受到别人的注意；对于他人的言行容易多心，最忌讳触及他们的缺陷之处；不善于调整自己的心态，较易受到心理暗示，并因此影响自己的情绪。

3．防卫心理

有些盲人对健全人怀有疑惧心理，自我保护意识较强。除社会原因外，也存在一些心理原因：有些盲人把自己的一切不幸和失败都归咎于家庭、社会和学校，总感到委屈、愤懑、不平，有些盲人还表现出无端敌意、侵略性和对于环境的严重适应不良。

三、盲人足球的基本技术

以下重点介绍盲人足球入门训练及教学，主要目的是让视力残疾人初步了解盲人足球的特点，培养视力残疾人的球感，让他们学习和掌握一些足球基本的动作和方法，提高通过声音进行判断和完成基本动作的能力，发展其平衡能力、协调能力和反应能力，让他们在盲人足球运动中感受快乐、获得自信，培养其自强不息和团结协作的精神。

盲人足球基本技术及训练一般包括球性与球感、推拉球与运球、传接球、射门、挡板技术及守门员训练等。盲人足球基本技术的教学及训练，可以培养视力残疾人的球感和控制球的能力，帮助其克服恐惧心理，培养其躲避障碍物的能力，培养其前脚掌拉球的移动、传接球、运球及射门等技术和能力。在教学过程中，教练员可以采用训练加游戏的方式，激发盲人足球运动员对盲人足球的兴趣，培养其勇敢、顽强的优秀品质。

（一）球性与球感

通过手对球的感知，能够增加盲人足球运动员对球的认知和控制。这里列举两个平时常见的训练方法。

1．原地拍球练习

（1）训练方法

①手持球摇晃练习：双手持球摇晃，注意让盲人足球运动员熟悉球内的特殊声音。

②拍球接住反弹球练习：双手向地面拍球，接住反弹球，注意让盲人足球运动员熟悉球的弹性。

（2）教学重（难）点

①教学训练时要强调：拍球前，双手持球，双脚分开，低头，先摇晃球再拍球，拍球要落地，力量要适中。

②教学训练时要注意：注意把握开始拍球时的力量，力量过大或过小都会导致对球失去控制。

（3）易犯错误与纠正方法

在拍球时，如果力量控制不好，会导致落点不准。在教学中，纠正方法主要是让盲人足球运动员双脚分开，与肩同宽，保证直上直下拍球，控制力量，以保证球的落点准确。

（4）指导建议

①保证场地四周空旷，没有危及盲人足球运动员安全的障碍物，在安全的环境下上课。

②初次接触盲人足球时，教练员要先给盲人足球运动员介绍球的构造，并双手持球摇晃至球发出声音，因为盲人足球运动员存在特殊性，遇到新事物主要是靠触摸来感知，所以拍球练习是为了使盲人足球运动员通过拍球来认识并熟悉盲人足球。

③教练做拍球示范的时候一定要讲解拍球动作：双脚分开与肩同宽，直上直下拍球。拍球时一定要注意控制力量，保证球的落点准确。

④力量问题会导致盲人足球运动员拍球时丢球，在其寻找球时，教练一定要喊“WOYI”，用声音对盲人足球运动员进行引导。

2．拍球接力（进阶训练）

在原地拍球练习的基础上，为了进一步提高训练效果，可以进行训练难度更大的拍球接力练习（如图 2–2 所示）。

（1）训练方法

①教练做好场地准备。准备专用盲人足球 1 个，由两名教练做训练引导。

②参与训练的运动员分两组，分别在场地对面站好，两组间距离 6 ～ 8 米，两名引导教练在训练路径两侧站好。

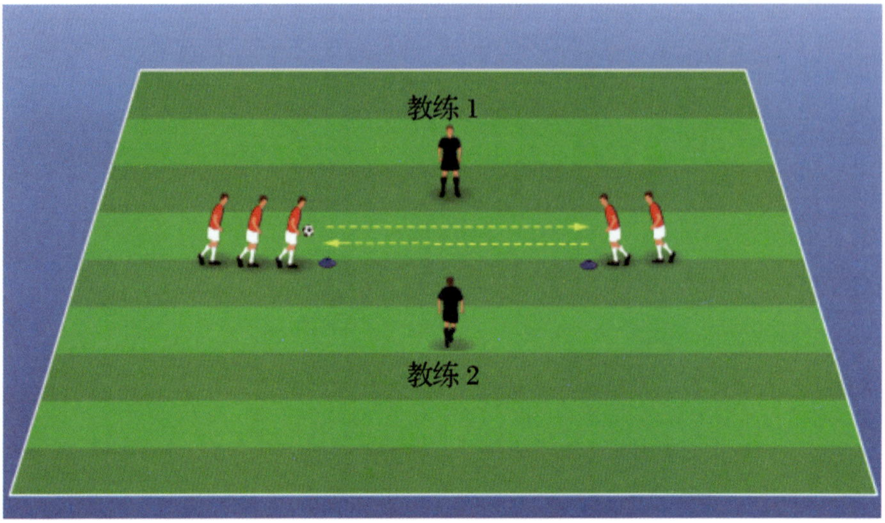

图 2-2　拍球接力练习

③第一名盲人足球运动员持球，每走一步拍球一次，向对面运动员前进。

④对面接球的运动员双手拍掌，持续喊“WOYI”给运球的运动员引导方向。

⑤第一名运动员到达对面时用力摇晃足球，使足球发出声音后再将球交给对面的一名运动员，然后回到队尾，等待后续循环练习。

⑥接球运动员拍球，再向自己的对面前进，到达对面用力摇晃球，使球发出声音后再将球交给下一名运动员，以此类推。

（2）指导建议

①教练一定要提示运动员，持球出发后每走一步就要拍球一次。

②当运动员在拍球过程中失去对球的控制时，教练要及时叫停，并及时引导该运动员重新拿到球。

③交接球时一定要用力摇晃球，使球发出声音，让接球运动员快速找到球，并持球进行下一次练习。

④可根据情况组织 2 组或 3 组运动员进行比赛。

（二）推拉球与运球

盲人足球中的运球一般包括前脚掌拉球、脚内侧交替运球等。推拉球与运球是个人技术中最为重要的环节，亦是个人能力的重要体现。

1．前脚掌拉球

（1）训练方法

①将球放在两脚中间，膝关节微屈，身体稍前倾，左脚前脚掌踩到球的上部。

②左脚向左离开球，右脚前脚掌踩到足球的上部。

③左右脚掌交替踩球，依次进行练习。

（2）教学重（难）点

①前脚掌踩在球上的力量不能过大，双脚交换连贯、协调。

②初期球不能移动，熟练以后球可以移动，利用前脚掌将球拉动。

③双脚拉球时，重心转移，运动员难以把握，容易导致身体失去平衡，教练要重点指导运动员注意重心的转移。

④双脚拉球时，足球滚动发出的声音较小，导致运动员不易找到足球，教练指导运动员在多人进行练习时，一定要发出声音。

（3）易犯错误与纠正方法

前脚掌拉球过程中，双脚重心转移容易控制不好，教练可以用口令进行引导，让运动员有节奏、由慢至快地进行练习。

（4）指导建议

①保证上课场地及环境的安全性。

②采用手握方法帮助运动员正确接触足球位置。教练在指导运动员做前脚掌拉球动作时，先用手握住运动员的脚，让运动员感觉前脚掌与球的正确接触位置，之后教练再做出正确动作让运动员触摸和感知。

③先静后动，渐进练习。在前脚掌拉球练习初期，不要让足球滚动，运动员先在原地练习脚掌触球动作，等动作熟练之后，再做足球移动的前脚掌拉球。

④及时引导和干预，防止运动员受伤。在行进间拉球时，注意运动员之间要保持一定距离，教练及时进行引导和干预，避免运动员在行进时受伤。

⑤注意声音引导。在前脚掌拉球的过程中，运动员一旦失去对球的控制，教练一定要喊“WOYI”，通过声音引导帮助运动员寻找足球。

2．脚内侧交替运球

脚内侧交替运球练习如图 2–3 所示。

图 2–3　脚内侧交替运球练习

（1）训练方法

①脚内侧带球走时，身体自然放松，上体稍前倾，膝关节微屈，步幅稍微小一点，手臂屈肘自然摆动。

②脚内侧提起，用脚内侧触球的中后部，将球拨向对侧脚后，两

脚交替带球向前移动，用脚内侧推拨球前进。

（2）教学重（难）点

①控制两脚的力度，使球在两脚之间向前滚动。

②保证脚触球部位的准确性，如果触球部位不准确，那么运动员将对球失去控制，很难形成固定的运球路线。

（3）易犯错误与纠正方法

在脚内侧交替运球的过程中，脚的力量较难控制，导致在运球时容易失去对球的控制。纠正方法：采用原地练习，教练用手握住运动员的脚，告诉并帮助运动员找到触球的正确部位。教练也可以做出正确动作，让运动员触摸感觉，还可以将球放在网兜中进行辅助性练习。

（4）指导建议

①保证上课场地及环境的安全性。

②首次练习带球行走。可将足球装在网兜里，运动员手持网兜绳，将球碰触地面发出声音后，用脚内侧触球。熟练后，去掉网兜，练习用脚内侧带球向前走 5 步，然后再逐步增加带球行走步数。

③用脚内侧交替运球进行直线行走。运动员在练习直线带球走时，教练要在前面用声音进行引导，让运动员找到直线运球的身体感觉并记住。

④脚内侧交替运球进行变向走。一名运动员运球进行练习，其余运动员手持海绵垫放在体前做保护，排成“之”字形，并按顺序编号。

⑤在运动员掌握运球走技能后，可进行脚内侧交替运球的比赛。

3．前脚掌拉球接力（进阶训练）

前脚掌拉球接力练习如图 2–4 所示。

（1）训练方法

①将运动员分成两队，每队 5 ～ 6 人。

②以纵队排列，每队运动员分成两部分，相距 8 米左右相对站立。

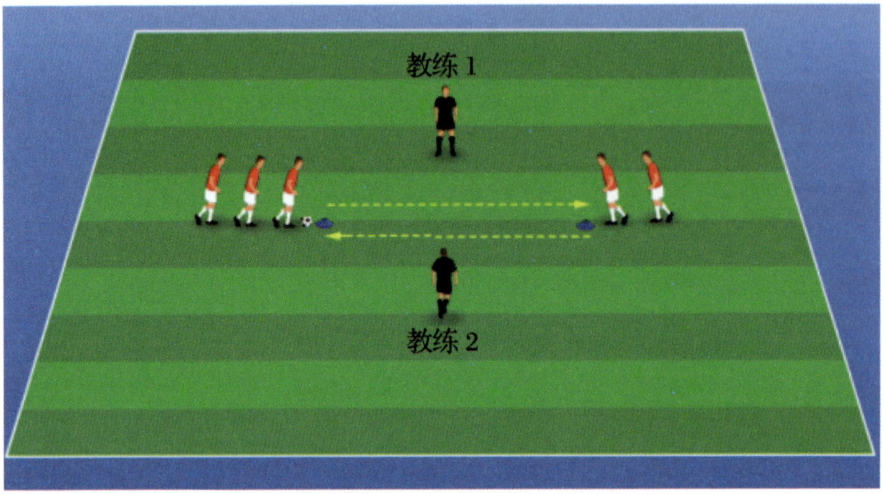

图 2-4　前脚掌拉球接力练习

③训练开始时，第一名运动员的左脚前脚掌和右脚前脚掌交替踩球前进，直到将球带到对面运动员处。对面的运动员接球后，重复前面运动员的动作。最先完成的组获胜。

（2）教学重（难）点

①训练中，运动员如果因足球滚动对球失去控制，必须由教练引导该运动员找到球，从失误地点重新开始，直到将球交给对面的运动员。

②前脚掌拉球时要求前脚掌踩在球的上部，在拉球过程中如果不是前脚掌触球，教练可让其回到犯规位置重新开始，直到将球交给对面运动员。

③对面准备接球的运动员一定要持续拍掌并喊“WOYI”。

（3）指导建议

①教练要讲清楚训练方法、要求和规则，每名运动员都要按要求完成训练。

②教练要对训练中表现积极和遵守规则的运动员提出表扬和鼓励。

③教练可适当增加训练难度，加长训练场地长度，加入背身拉球

练习，教练可以语言引导运动员进行前脚掌拉球变向练习。

4. 推拉球与运球（进阶训练）

（1）训练方法

结合脚内侧交替运球进行，在运球过程中，由前脚掌将球拉到拉球脚的侧后方，同时用拉球脚的脚内侧将球推向另一侧，完成变向运球（如图 2-5 所示）。

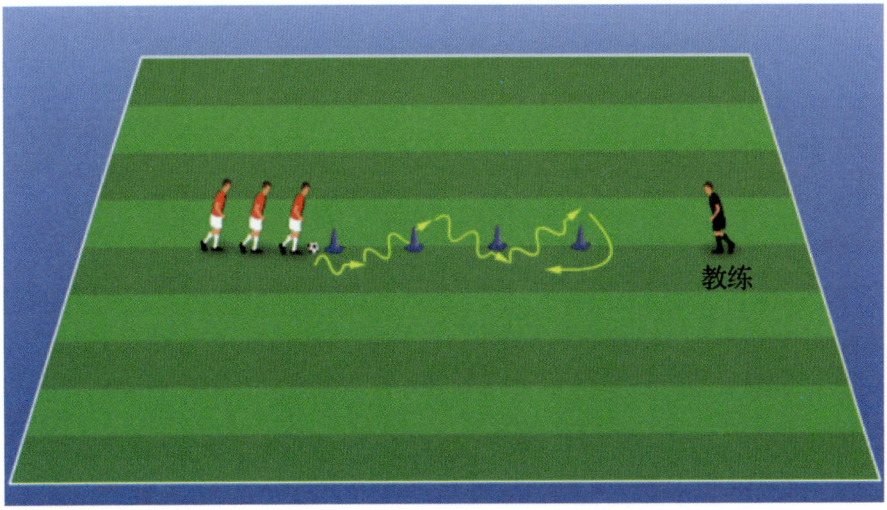

图 2-5 推拉球与运球练习

（2）教学重（难）点

控制好拉球的时机和力量，保证完成变向后依然能控制住球是教学重点。保证脚触球部位的准确性是教学难点，如果脚触球部位不准确，那么运动员会对球失去控制，很难完成推拉球变向动作。

（3）易犯错误与纠正方法

在脚内侧交替运球过程中，运动员容易失去对球的控制，主要纠正方法是原地练习，教练用手握住运动员的脚，告诉运动员脚触球的正确部位；教练也可以做出正确动作，让运动员通过触摸学习。

（4）指导建议

①保证上课场地及环境的安全性。

②复习用脚内侧交替运球，进行直线行走。

③开始阶段让运动员原地做推拉球变向动作，熟练后可由慢至快进行练习。

④在做推拉球变向动作时，一旦运动员失去对球的控制，教练一定要持续呼喊“WOYI”，通过声音引导帮助运动员寻找球。同时，教练要及时进行辅助，防止运动员相撞受伤。

（三）传接球

盲人足球比赛中运动员常用双脚内侧进行传接球，这是十分重要的足球基本技术。下面简要介绍盲人足球传接球训练的方法。

1．训练方法

运动员双脚向外展开，呈八字形，教练用手向运动员抛球，接球运动员通过足球的声音进行辨别或根据教练的语言引导，向足球落点处移动，用脚触球，最后将球停在可控范围内。

2．教学重（难）点

教练要运用规范语言进行传接球引导，培养运动员通过声音辨别传球方向及落点位置的能力。通过听声辨位，运动员可以正确判断足球接应点，及时用脚停球，再进行传接球（传球可以先由教练完成，待运动员练习熟练后，可以在运动员之间传球）。

3．易犯错误与纠正方法

传球时力量容易过大或过小，运动员应通过反复练习，掌握好传球的力量，并尽量利用脚内侧传球。

4．指导建议

（1）保证上课场地及环境的安全性。

（2）教练用声音引导运动员站到目标地点，并用手抛球到该运动员脚下，抛球同时要对接球运动员进行声音引导。

（3）运动员听声辨位，接球并用脚控制足球，可复习脚内侧交替运球动作，最后再将球用脚传出。

（4）接球运动员拍掌，并持续喊“WOYI”，给予传球运动员声音引导。

5．原地传接球（进阶训练）

（1）训练方法

①准备专用盲人足球 1 个、标志物 2 个，分别放在练习区中间位置的两侧。教练对参加训练的运动员进行分组，可根据运动员人数分成两组。有两名教练做训练引导。

②参与训练的运动员分组在场地面对面站好，两组距离 6 ～ 8 米，标志物间距不得大于 5 米，两名引导教练在训练路径的两侧站好（如图 2-6 所示）。

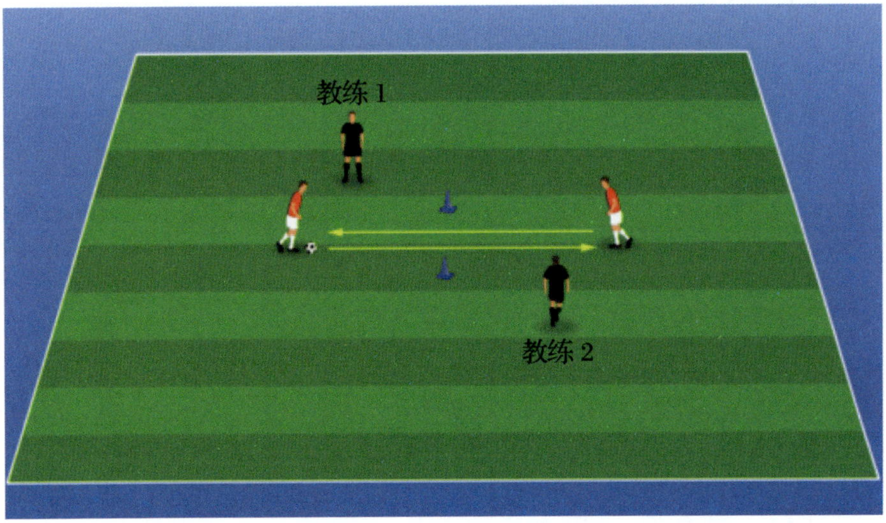

图 2-6　两人原地传接球

③两名运动员一组，面对面站在场地两侧，教练将足球抛给一名

运动员，并用声音引导，这名运动员用双脚内侧接球并停球，再用脚内侧传球给对面的运动员。

④对面接球的运动员双手拍掌，持续喊“WOYI”的同时用双脚内侧接球，并将球控制在自己脚下。

⑤接球队员用双脚将球控制好（可对球略做调整），根据对面运动员的声音引导，将球传向对面的运动员。

（2）训练要求

①在两个标志物之间传接球，球一定要经过两个标志物。

②建议每人停、传 5 次计分，停球成功 1 次记 1 分，传球经过两个标志物之间记 1 分，总分多者胜利。

（3）指导建议

①教练在两名运动员传球之前一定要确定环境安全，并确保运动员安全。

②训练一定要有教练进行引导，要注意两组运动员之间的间隔。

③在运动员传接球过程中，教练要用声音引导的方式纠正传接球运动员的动作。

④当运动员传球失误时，教练一定要鼓励运动员，并用声音引导运动员自己找到球。

⑤当运动员停传球动作熟练后，可适当缩短标志物间距。

（四）运球射门

盲人足球比赛中，射门是决定比赛胜负的关键技术动作。下面简要介绍盲人足球运球射门的训练方法。

1. 训练方法

（1）运球动作：脚内侧交替运球、推拉球与变向运球。在运球过程中，教练引导盲人运动员结合射门进行练习。射门通常用脚内侧、正脚背和脚尖完成，支撑脚要在球的侧后方。

（2）射门动作：以右脚踢球为例，直线助跑，左脚支撑在球的侧方 15 厘米左右处，脚尖指向出球方向，膝关节微屈。同时，右脚内侧、正脚背或脚尖正对出球方向，小腿急速向前摆动，用脚的内侧、正脚背或脚尖部位击球的中后部。

2．教学重（难）点

结合脚内侧交替运球和推拉球与变向运球，在教练的引导下完成射门。脚触球部位的准确性和连贯性是重点，如果运球推拉不连贯，那么运动员将不能完成最后的射门。

3．易犯错误与纠正方法

在运球射门过程中，运球和变向的幅度和力量比较难控制，容易导致盲人运动员的动作不连贯，最后无法完成射门动作。纠正的方法主要是由教练用声音进行引导，使盲人运动员动作由慢到快，最后达到连贯。教练可用手握住盲人运动员的脚，告诉运动员触球的正确部位；教练也可以做出正确动作，让盲人运动员触摸和感知。

4．指导建议

（1）保证场地及环境的安全性。

（2）开始练习时，先让运动员复习脚内侧交替运球和推拉球与变向运球，待动作连贯后再加上射门。

（3）前期练习时运球距离可以缩短，尽量保证盲人运动员完成动作。

（4）教练及时引导，给出球门方向和球门位置，建议手持引导棒敲击球门。

（5）在盲人运动员掌握运球射门技能后，可进行运球射门比赛。

5．运球射门（进阶训练）

（1）训练方法

①准备专用盲人足球 1 个、五人制足球门 1 个（如没有可以用标

志物代替）、标志物若干个。教练对参加训练的盲人运动员进行分组，可根据运动员人数分成两队。由两名教练做训练引导。

②参与训练的两组运动员，分别在场地中间站好，距离 15 ～ 20 米，两名引导教练，一名站在球门后，一名站在运球路线一侧（如图 2-7 所示）。

图 2-7　运球射门训练

③第一名运动员运球，在教练的声音引导下做变向动作，运球至标志物时完成射门，完成射门后由教练引导，由一侧慢跑至队尾。

④等待出发的运动员拍掌，持续喊“WOYI”，给运球者引导方向，使其回到队尾。

⑤反复进行运球射门练习，如条件允许可以每人一球，以提高练习效率。

（2）指导建议

①教练在变向引导时要提前提醒，运动员接近标志物时要给出射门引导信号。

②运动员完成射门后，教练要及时引导运动员从一侧回到起点。

③当运动员在运球过程中失去对球的控制时，教练要及时叫停，并及时引导该运动员重新找到球，继续完成运球射门动作。

④可以组织分组比赛，每组 3 名运动员，每人运球射门 3 次，进球多的队获得胜利。

（五）挡板技术

盲人足球比赛中的挡板技术训练如图 2-8 所示。

图 2-8 挡板技术训练

1. 训练方法

（1）准备专用盲人足球比赛挡板 10 块、专用比赛用球 5 个、标志物若干个。教练对参加训练的运动员进行分队，可根据运动员人数分成两队。安排两名教练做引导员。

（2）参与训练的两队运动员，分别在场地两侧的挡板前站好，

2 人 1 组，1 组 1 球，持球队员向沿着对面挡板跑动的队友传球，队友接球后控球，再传给沿对面挡板跑动的队友。

2．指导建议

（1）接球运动员在移动中一定要持续喊“WOYI”或喊队友的名字，传球运动员一定要根据接球运动员的位置传球。

（2）接球运动员要充分利用挡板，以最短的时间接球并控制挡板反弹球，将球传回对面。

（3）教练要及时用声音引导盲人运动员用最短的时间控制球，如提示“前”“后”“左”“右”。如果球停止不动，教练要到球前触球，使球再次发出声音，让盲人运动员找到球并控制球。

（六）守门员训练

守门员的职责是阻止对方运动员将球踢进球门。按照国际盲人体育联合会五人制盲人足球竞赛规则，守门员可以是视力健全或 B2 或 B3 级（视力部分缺失）队员。守门员是球队中唯一可以用手的运动员（掷界外球除外），但只能在规定区域之内活动。守门员可以兼任引导员，用声音来指挥场上的运动员进行攻防。

对守门员的训练具有特殊性和专业性，需要经过一个长期的过程，其训练内容包括身体、心理和技术等诸多方面。

1．身体、心理训练

（1）身体素质训练

通过专项体能训练和比赛，守门员可以提高身体素质，包括对守门员的耐力、速度、柔韧性和灵敏性等的训练。

（2）协调性训练

通过协调性专项训练和比赛，守门员可以提高协调性，包括有球、无球等的协调性训练。

（3）心理素质训练

通过心理素质训练，守门员可以提高组织指挥能力、判断抉择能力、自我控制能力、集中注意力能力、抗挫折能力等。

2．技术训练

（1）选位训练

选位训练包括初始位置、移动、回位等训练。

（2）防守技术训练

防守技术训练包括接球（地面球、平高球、高球及反弹球）、不同方向的扑球、高球、一对一、接反弹球等训练。

（3）发起进攻训练

发起进攻训练包括脚踢球（地面球、空中球、发弹球）、手抛球、接队友回传球等训练。

（4）任意球训练

任意球训练包括指挥排人墙、守门员的位置、指挥和交流等训练。

四、盲人足球的基本战术

盲人足球战术教学的主要目的是指导运动员学习和掌握五人制盲人足球比赛的基本技术、战术及相关比赛规则。通过进阶学习和训练，培养运动员在盲人足球比赛中进攻与防守的基本能力，提高运动员在参与盲人足球运动过程中的听声辨位、脚下控球、躲避障碍物等技战术能力，使运动员掌握参与五人制盲人足球运动及比赛的基本技能。

（一）比赛阵型

阵型是盲人足球运动员在场上根据某些角色和功能有组织的站位分配，这种分配可以在本队队员之间建立一系列的互动战术，在完成目标的同时，能够保持攻守平衡。在比赛场上，阵型在比赛过程中会被持续打乱又一再被重建，所以阵型既是动态的，也是灵活的。

在五人制盲人足球比赛中，阵型的保持有一定难度。比赛中有几种常用阵型，具体阵型的选择，需要教练及球员根据比赛场上球员、对手以及比赛情况来确定。以下介绍 3 种常用阵型。

1．阵型 1-2-2

阵型 1–2–2 的球员站位如图 2–9 所示。

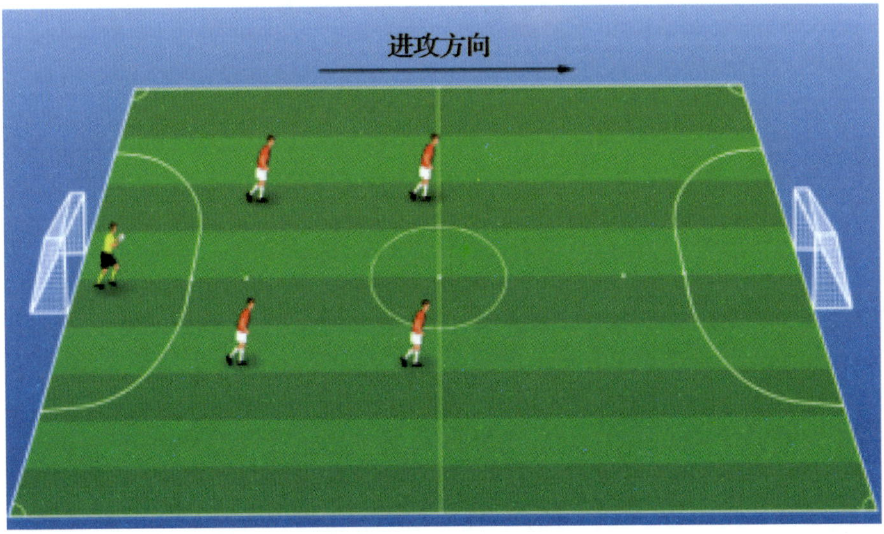

图 2–9　阵型 1–2–2 的球员站位

（1）阵型优势：比赛时若有 2 名技术好的球员在中线，通过一对一可获得人数优势。当防守方深度防守时，此阵型很适合远射和打后门柱包抄。

（2）阵型不足：如果接应不力，一旦失去球，防守就会失去平衡，对手容易获得反击机会。进攻球员相互之间都有一定距离，导致球员之间失去互换位的机会。

2．阵型 1-3-1

阵型 1–3–1 的球员站位如图 2–10 所示。

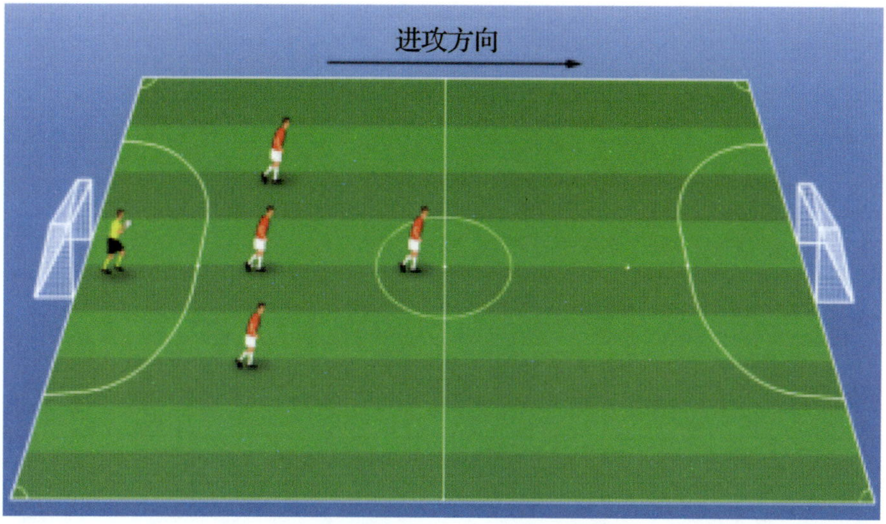

图 2-10　阵型 1-3-1 的球员站位

（1）阵型优势：在比赛场上，此阵型主要由一系列三角形构成，即总是有接应球员。

（2）阵型不足：在比赛过程中，此阵型越往前推移，需要防守的空间越多，有效防守保护的机会就越来越少。同时，在比赛中，经常出现足球从场地一侧快速移到另一侧的情形，球员的体能消耗较大。

3．阵型 1-1-2-1

阵型 1-1-2-1 的球员站位如图 2-11 所示。

（1）阵型优势：在中场有 3 名球员，有球球员能够得到接应，能更好地掌握比赛节奏，从而控制比赛。在失球后可保持防守平衡。

（2）阵型不足：比赛时需要专门的中锋背身拿球，需要传球和射门技术出色的球员。如果进攻球员没有足够的耐心，选择错误的传球路线，那么对手会反击。

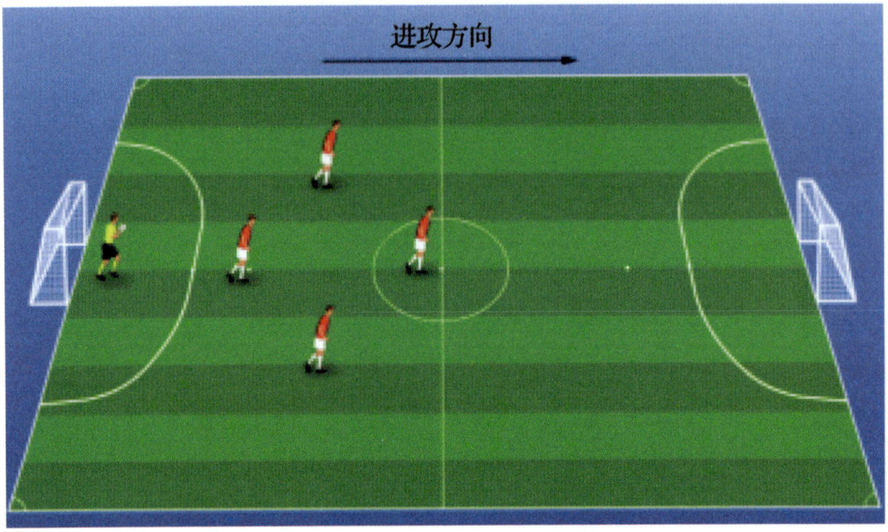

图 2–11　阵型 1–1–2–1 的球员站位

（二）进攻战术

足球比赛中的进攻战术包括个人进攻战术、局部配合进攻战术、全队进攻战术、定位球进攻战术和挡板战术等，同时可以通过界外球、角球、任意球等方式发起进攻。

1．个人进攻战术

盲人足球个人进攻战术是在进攻中个人技术的运用，是由无球状态下摆脱、助攻、跑位等构成的战术，具体包括传球、射门、运球、过人、接球、摆脱、助攻及跑位等。在五人制盲人足球比赛中，个人进攻能力是提高进攻质量的关键要素。

2．局部配合进攻战术

局部配合进攻战术是在区域范围内 2 人及 2 人以上协同配合的战术，具体包括局部两人、三人等进攻配合等。在盲人足球比赛中，默契的局部配合是实现整体进攻战术的前提。

3. 全队进攻战术

个人和局部战术结合构成整体战术。全队进攻战术是指比赛中一方获得球后，通过球员之间的传递配合达到射门的目的而采用的配合方法，具体包括边路进攻、中路进攻、快速反击等。与局部配合进攻战术相比，全队进攻战术的进攻面比较广，可以实现参加进攻和快速反击。

4. 定位球进攻战术

（1）定位球进攻战术包括的内容

在五人制盲人足球战术中，定位球进攻战术是指在比赛中，利用死球后重新开始比赛的机会组织进攻与防守配合的一种战术。定位球进攻战术包括界外球、角球、任意球等。而在势均力敌的高水平比赛中，定位球进攻战术有时会起决定胜负的作用。在配合上要利用简单的一次配合取得射门机会，配合越复杂，成功率就越低。因此，要通过专门的训练和练习使定位球进攻战术的运用在比赛中奏效。

①界外球。

球员踢界外球的主要的目的是力求进攻一次能够射门得分，或是确保对球的控制权。影响上述目的实现的因素很多，如发球点和对方球门之间的距离、对方防守球员的位置、进攻球员的位置以及主罚球员的能力等。

②角球。

角球的主要目的是射门得分或给对手制造威胁，但有时获得角球也仅能确保控球权。从战术上看，能否得分或给对手造成威胁，取决于比赛比分、比赛所剩的时间、角球得分机会及发球球员的专业能力。

③任意球。

任意球最主要的目的是射门得分，关键因素在于球队的移动和发球球员之间的协同。主罚球员发球时要不急不躁，选择最好时机，使用最恰当的力量，精确传球或射门。

（2）定位球进攻战术训练方法

定位球是重要的得分手段，下面介绍定位球进攻战术训练方法。

①训练方法。

在盲人足球比赛中，常会出现定位球，在踢定位球时，由一名球员将球踩住，另一名球员将脚贴到球上，裁判员鸣哨时后一名球员将球带走（球点球除外）。

②教学重（难）点。

当盲人足球比赛进入焦灼状态时，定位球是重要的得分手段。因此，练习定位球十分必要，也是教学的重点和难点。

③易犯错误与纠正方法。

在踢定位球时，球员很容易连踢犯规，所以如果不是直接射门的定位球，要尽量由 2 名球员完成（一名球员踩球，另一名球员带球）。

④指导建议。

可以在场地不同的地点反复进行定位球练习，每次训练结束后可以进行几组定位球直接射门练习。

5. 挡板战术

（1）训练方法

挡板战术训练如图 2–12 所示。

①准备专用盲人足球比赛挡板 10 块、专用比赛用球 5 个、标志物若干个。教练对参加训练的球员进行分组，可根据球员人数分成两组。安排两名教练做引导员。

②参与训练的两组球员，分别在场地挡板两侧的标志物后站好，由守门员或引导员将球发至挡板上。球员根据球的声音及引导员的引导接球，接球后运球至中线标志物处变向，到达前场标志物处，将球传给前场守门员或引导员。

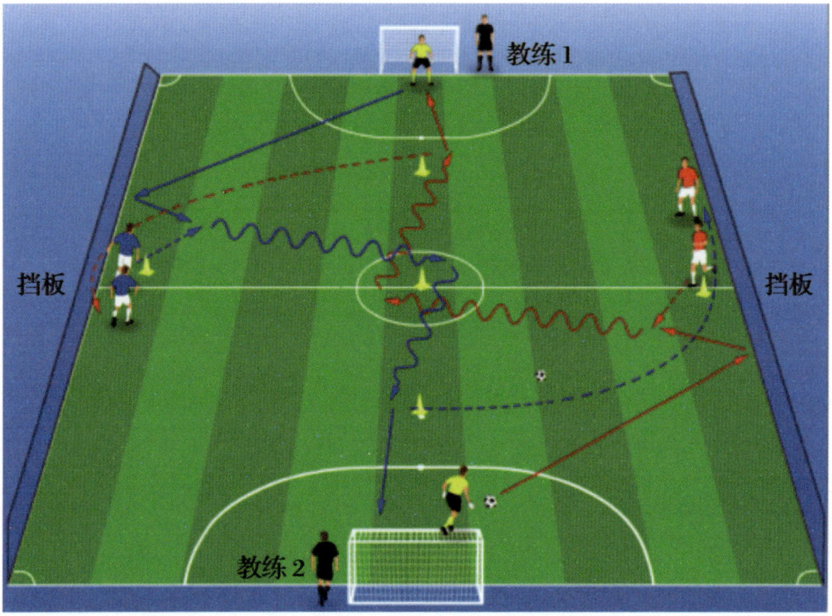

图 2-12 挡板战术训练

（2）训练要点

①红队球员做完练习后跑到队尾，守门员或引导员接球后发挡板球给蓝队队员，两队交替进行练习。

②蓝队球员在红队队员完成传球后双手拍掌，持续喊“WOYI”，给红队队员引导方向，使其站到队尾。

③挡板球发出后，引导员要及时用声音引导球员用最短的时间控制住球，如提示“前”“后”“左”“右”。如果球停止不动，引导员要到球前触球，使球再次发出声音，让球员找到并控制球。

④接球队员控制好球以后，快速绕过标志物，传球给前场守门员或引导员。

（3）进阶

本练习可以进阶为接球运球射门练习。

6．进攻训练（4 对 3 进攻）

（1）训练方法

①在半场内比赛，4 对 3 进攻训练如图 2–13 所示。

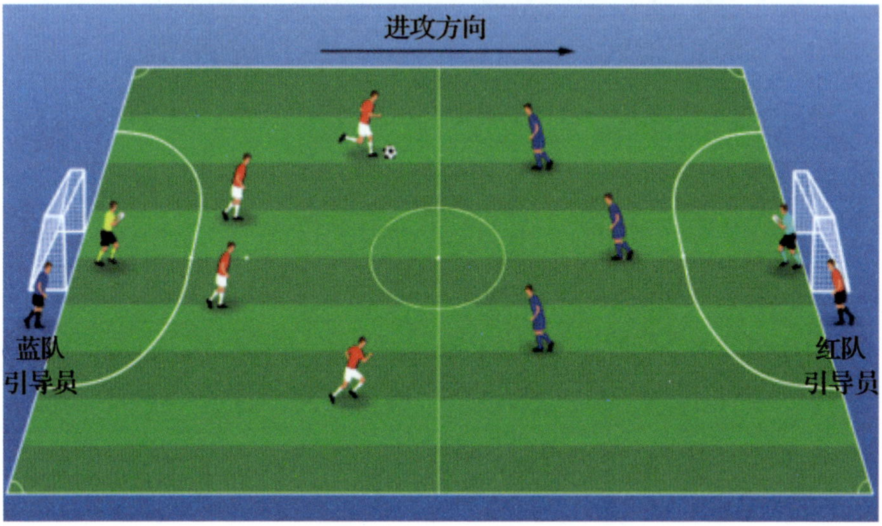

图 2–13　4 对 3 进攻训练

② 4 名进攻球员加 1 名守门员对 3 名防守球员加 1 名守门员。

③进攻方的前锋自由移动，任何时候不能被防守。但是，前锋不能射门，只能传球给队友。

（2）训练要点

①耐心控球，直到安全传球给前锋的机会出现。

②前锋要不断地创造传球接应点。

③一旦传球给了前锋，进攻球员必须快速移动，但是要以交叉跑的方式移动。

④利用假动作摆脱防守。

（3）进阶

①限制进攻移动时间。

②规定传球给前锋的球员不能射门，必须由其他两名球员来完成射门。

③再加1名防守球员，变为4对4加2名守门员练习，按正常比赛进行，比赛区域仍为半场，防守方可以反击。每隔5分钟攻防双方互换，计算每队的进球，决出胜负。

（三）防守战术

防守战术与进攻战术一样，始终以整体意识支配个人行动，体现了整体防守打法的特征。每个运动员的战术行动都是整体打法的有机组成部分。防守战术包括个人防守战术、局部配合防守战术、区域防守战术、全队防守战术及定位球防守战术。

1．个人防守战术

个人防守战术是指在比赛中为了阻止对方进攻，完成整体防守任务所采取的个人行动，具体包括跟人、选位、抢球和断球等。盲人足球比赛的选位一般是由攻转守后的防守队员根据自己的位置、职责和当时的赛势，在整体意识支配下，有目的地选择恰当的防守位置。合理选位不仅有助于增强个人防守行动的效果，也密切联系着整体布局的合理程度，对防线的稳固性起着重要作用。

下面以抢球及断球为例进行介绍。

（1）战术要领

快速压迫球、判断方向、放低重心、有耐心、侧身站、语言交流。

（2）教学重点

在五人制盲人足球比赛中，参赛队员抢球及断球技术的运用明显高于健全人的足球比赛。参赛队员在比赛场上反复争抢，致使参赛队员连续控球时间较短，在教学和训练中，应该把握这一特征，强化抢球及断球防守技术运用的训练。

（3）教学难点

抢球和断球技术的运用反映运动员对球声音的敏感度和对引导员指挥的反应速度，是运动员个人防守技术水平的体现。而提高运动员对足球声音的敏感度及反应速度的训练有一定难度。

（4）易犯错误与纠正方法

运动员抢断球技术的运用对预判能力要求较高，由于视力限制，盲人足球运动员在赛场上只能听声辨位，预判能力很低，有意识的传球较少。教学中，教练可通过声音引导，强化运动员听声辨位预判能力的训练。

（5）指导建议

①在盲人五人制足球比赛中，队员围抢战术运用最多的是在后场，前场很少运用。在比赛中，防守队员一般在听到引导员的指挥或球的声音后，通过触觉、听觉和在头脑中建立的空间感来判断球的方向以及对手和同队队员的位置，上前逼抢，夺得控球权。

②教学中，可以将抢球作为主要防守技术和手段，强化运动员通过触觉、听觉对断球及抢球技能的训练。

2．局部配合防守战术

盲人足球比赛中的局部配合防守战术是个人和集体配合的战术的综合表现，具体包括保护、补位、临近位置配合和封堵等。比赛中巧妙运用局部配合防守战术是夺取胜利的重要因素。盲人运动员实施局部配合防守战术应明确保护和补位的路线，注意提高个人战术意识、时机上配合的默契度等。

下面以封堵为例进行介绍。

（1）战术要领

盲人足球比赛中的封堵技术主要是封堵射门，封堵一般发生在后场。

（2）教学重点

盲人足球运动具有较强的激烈性。在比赛中，技战术的选择和运用主要依靠感觉，包括听觉、触觉、位觉、本体觉等对本队及对方球员的位置和来球方向做出辨别和判断，运动员凭借个人感觉选择运用不同的技术动作。

（3）教学难点

在盲人足球比赛场上，运动员对整体球场情况不能做出综合判断和分析，致使其在场上传球技术运用较少。

（4）易犯错误与纠正方法

在训练中，多名球员防守时容易失去防守位置，鲁莽地上前封堵，教练要及时用声音引导运动员，帮助运动员认清自己所在的位置。

（5）指导建议

在进行封堵防守战术训练时，教练可以针对盲人足球比赛技战术运用的特点，创新指导建议，提高训练实效，强化对运动员听觉和感觉的训练，使运动员掌握正确的封堵技战术动作及运用要领，提高防守技战术运用水平。

3．区域防守战术

（1）战术要领

区域防守是足球运动防守战术之一，是由每一名队员负责一块特定区域的防守技巧。全队防守，层层设防，形成层层盯人加保护的整体防守体系。每个队员都在自己相对稳定的区域内准确站位，进行盯人防守，即对进入自己防守区域的对方队员实施盯人防守。

3–1 和 2–2 防守站位是两个常用的区域防守站位。

图 2–14 所示的防守站位为 3–1 防守站位：1 名队员在前方干扰抢截球，后面 3 名队员在引导员的引导下对前方抢截球队员进行保护。

图 2-14　3-1 防守站位

图 2-15 所示的防守站位为 2-2 防守站位：由 2 名队员在前方干扰夹击抢截球，后面 2 名队员在引导员的引导下跟随前方抢截球队员，进行保护。

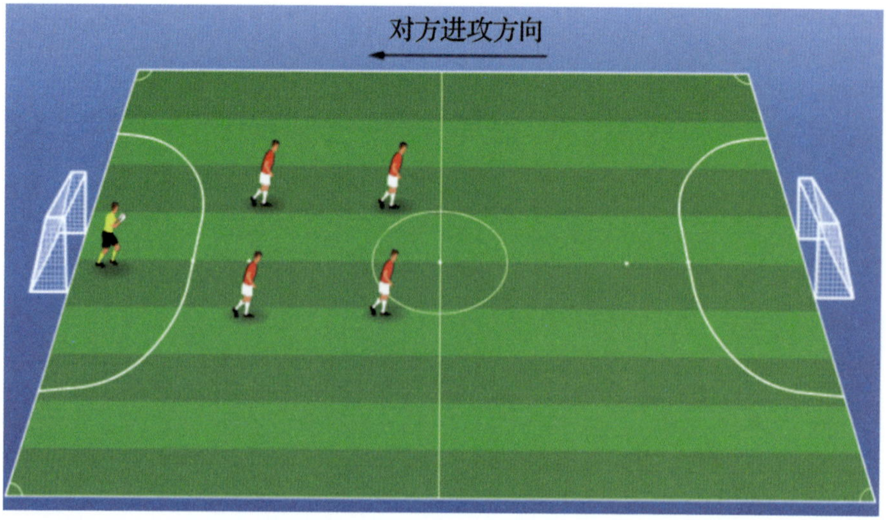

图 2-15　2-2 防守站位

（2）教学重点

在盲人足球运动及比赛中，区域防守的优势在于可以节省运动员的体力，在教学中，教练应注意指导运动员把握好防守站位，注意防守的机动性和保护性。

（3）教学难点

区域防守的教学难点，即培养和提升防守队员的判断预测能力和意识，保证其准确判断、找准自己的站位。

（4）易犯错误与纠正方法

在区域防守中，如果队员的配合不默契，则防守无效。教练应注意在用声音进行引导的同时，指导运动员提高听声辨位的能力，训练提升运动员的协调配合能力。

（5）指导建议

在教学中，教练要注意对区域防守战术要领的指导，注意对运动员防守站位和队员之间配合的指导与训练。

4．全队防守战术

盲人足球比赛中的全队防守战术是以整体意识支配个人行动体现整体防守打法的战术，具体包括人盯人防守、区域盯人防守、混合防守。防守战术具有整体性特征，在全队防守战术运用中，个人行为必须服从集体的利益和需要。

5．定位球防守战术

在五人制盲人足球战术中，定位球防守战术是指在比赛中，利用死球后重新开始比赛的机会组织进攻与防守配合的一种战术。定位球防守战术包括中圈开球、角球、任意球、球点球、界外球等。而在势均力敌的高水平比赛中，定位球防守战术有时起决定胜负的作用。因此，在日常训练中，要通过专门的训练和练习来组织定位球时的防守，尽量避免对方通过定位球得分。

6．防守训练（3 对 4 防守）

3 对 4 防守训练的站位如图 2–16 所示。

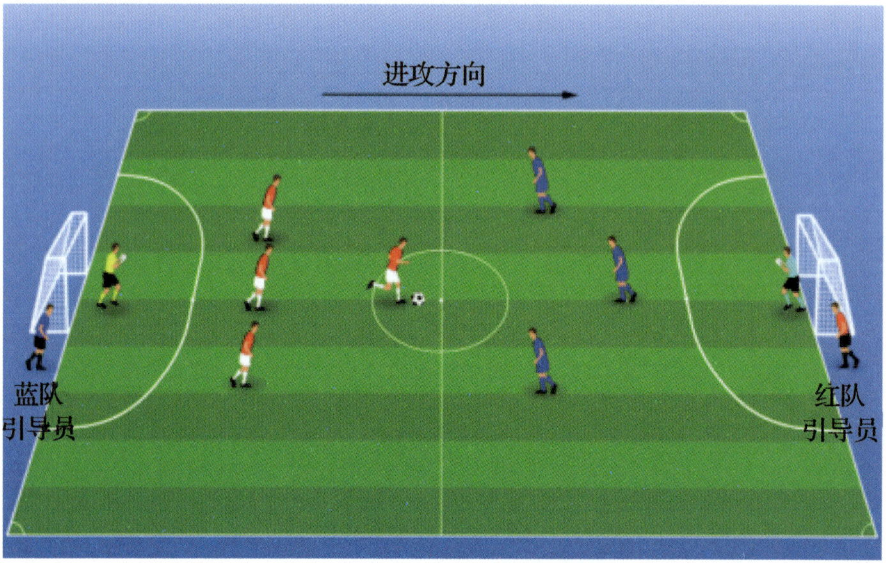

图 2–16　3 对 4 防守训练的站位

（1）训练方法

①引导员引导干预，一方由 3 名防守队员加守门员防守，另一方为 4 名进攻队员加守门员。

②模拟真实比赛。

③为移动距离最长的防守球员提供关闭保护。

④重新获得球后可以反击。

（2）训练要点

①对防守队员的交错站位要特别关注。

②引导员用声音进行引导，队员要重点关注传球线路，注意防守，不能只关注球。

③引导员用声音进行引导，队员要保持基本防守姿态，以便快速

移动出来。

④引导员用声音进行引导，防守队员要注意听声辨位，尽量干扰进攻队员的传球。

（3）进阶

①队员由开始时的被动防守转到后来的积极防守。

②对防守方破坏进攻或者抢回控球权的时间加以限制。

五、盲人足球的施教原则与训练指导建议

盲人在心理上个体差异较大，但其心理特点具有一定的普遍性。针对这些特点，教练指导盲人运动员进行训练应注重以下原则。

（一）互信原则

对盲人运动员的训练培养要取得好的效果，必须对他们充分信任，真诚相待，即使是在比赛或训练中批评劝诫，也应以“信其能够成为有用之才”为前提。更重要的是，教练应通过自身的言行取得盲人运动员的高度信赖，如此教育引导才能事半功倍。与对健全运动员的指导相比，对盲人运动员的教导尤其要把师生互信作为首要原则。

（二）针对性原则

在组织盲人运动员进行训练的过程中，要对运动员的盲障程度进行区分，区别失明原因与时间长短、残余视力程度等基本条件，进行分级培养，因材施教。对特殊对象必须个别施教，把解决足球训练中的具体问题与解决思想、心理问题结合起来。特别要针对盲人运动员这一时期出现的诸多身心变化，满怀爱心地进行科学的引导。

（三）“三全”原则

对青年盲人运动员实施教育应当坚持全天候、全过程、全方位的原则，具体内容见表 2–1。

表 2–1 “三全”原则

原则	含义
全天候	无论白天黑夜，课内课外，从学习到生活都要给予盲人运动员充分的关爱，培养他们良好的心理素质
全过程	针对青年盲人运动员不同阶段的具体情况实施不间断的教育指导
全方位	不仅帮助青年盲人运动员掌握文化知识和专业职能，而且还要对他们进行德、智、体、美、劳全面发展教育

（四）正常化原则

盲人运动员由于自身缺陷，往往存在“特殊”心态，对他们的训练管理应当尽量按健全人的标准来要求，培养其不依赖他人的精神。同时，应尽可能安排他们与同龄的健全运动员多开展融合、联谊、互助等活动，帮助他们拓宽视野、开阔胸怀，培养其健全人格与正常心态。

（五）环境适应原则

一方面，通过生活技能训练、体育课程、足球训练等提高盲人运动员适应生活环境的活动能力。另一方面，通过教育和引导，帮助盲人运动员加深对社会环境的了解，让他们经常接触社会，提高对社会经济、人文环境的适应能力。

（六）训练指导建议

在盲人足球技术训练的组织和实施过程中，要建立参照物提示、教具提示、语言提示和引导提示等。盲人足球运动员在进行足球技术训练时，要以盲人足球运动员行为的基本特征和规律作为基础和前提，在训练中更加有效地提升盲人足球运动员在实战比赛中的技术运用能力。

盲人足球运动员在技术训练中表现出技术成熟期相对较长，触觉、听觉优势明显等特征，因此在技术训练中应多采用讲解法、触摸法、限制法等。在使用讲解法时，教练的语言要科学、简练、精确；在技术方面表现出带球方式单一，以脚内侧敲击球为主，传球次数很少；在得分方式方面以个人运球突破、运球摆脱射门为主要形式。

聋人足球

足球运动是残疾人喜闻乐见的项目之一，聋人足球比赛的参赛运动员必须是听力残疾人。目前，除夏季听障运动会男子足球比赛外，全球有 70 多个国家和地区的聋人足球队参与聋人足球世界杯和洲际杯赛。2005 年，聋人女足被列为夏季听障奥运会正式比赛项目。我国的聋人足球起步较晚，2003 年首次举办全国聋人足球锦标赛，聋人足球被列为第七届全国残疾人运动会正式比赛项目。2015 年，我国举办首次五人制聋人足球比赛，受到了广大基层残疾人足球爱好者的好评。

一、聋人足球运动员的身体特征

（一）身体形态

聋人的听觉功能完全或部分丧失，并不影响其他身体功能，仅需进行科学而规范的训练，同样能发挥出同健全人一样的竞技水平。足球运动员的体态指标主要有身高、体重、坐高、下肢长、小腿长、胸围、大小腿围、膝踝关节围度等。守门员还应包括臂展和指长等。

足球运动员的基本体型特征包括身体相对匀称、臀部肌肉紧缩上收、大腿肌肉相对发达、小腿肌肉线条明显细长且有弹性、跟腱清晰、踝关节细而紧、足弓较高等。从总体上讲，身材高大且动作灵活快速是理想的足球选才特征。尤其从位置角度考虑，守门员和中卫队员须有一定的身高。但身高作为足球选才的指标不是绝对的。

（二）身体素质

身体素质包括力量、速度、耐力、灵敏性和柔韧性。足球运动员的素质特征是爆发性力量强，反应速度、起动速度快且耐力好，有良好的灵敏性和柔韧性。以下介绍 4 种测试速度、耐力、爆发力、腰腹力量的方法。

（1）30 米跑：穿胶鞋站立式起跑，主要评定球员的起动速度。

（2）立定跳远：穿胶鞋在平地进行，主要评定球员的腿部爆发力。

（3）5 × 25 米折返跑：在 25 米的区间，每隔 5 米摆放一个标志物，球员依次加速折返跑完全程，评定球员的专项速度耐力及灵敏性。

（4）仰卧快速收腹：在垫上或草地上仰卧，上身和下肢向上折体后有控制地放下，快速连续做，评定球员的腰腹肌力量和身体柔韧性。

（三）运动能力

聋人足球运动员与健全的运动员运动能力非常接近，不同之处在于，听力残疾伴随言语残疾，所有项目都需要通过视觉信号来提示。比如，在起跑时不用发令枪，而是用标志旗指挥。

二、聋人足球运动员的心理特征

（一）认知特征

由于身体缺陷，聋人在认知外界和自身方面与健全人存在一定的差异，主要包括以下几个方面。

1. 感知不完整

聋人由于听觉损失，对声音的感知和认识受到一定程度的影响，对外界事物的知觉信息加工不完整，在综合运用各种感官来加工信息时，由于缺少听觉的参与而使信息变得不完整。

2. 视觉发展补偿缺陷

由于听觉获取信息遇到障碍，聋人主要通过视觉来弥补。由于听觉上的障碍，聋人的眼睛成为最主动、最活跃、最重要的感觉器官。研究表明，聋人观察力敏锐，辨别细小物体或远处物体的技能高于健全人。国外也有研究表明，聋人儿童在一年级时视觉反应速度比健全人慢，但到了三年级，其视觉反应速度与健全人的差距缩小，到了六年级，其视觉反应速度甚至会超过健全人。

3．触觉、震动觉更显重要性

聋人在学习过程中，视觉、震动觉、触觉都发挥着重要的作用。触觉和震动觉在信息获取中较健全人更加重要，如聋人学习舞蹈的时候，就更多地需要通过感知震动来把握音乐的节奏，训练也是在律动室进行，音乐课也相应地成为律动课。

视觉等其他感官对听觉缺陷的补偿作用是有限度的，不能完全取代听觉。听觉损伤会影响儿童的语言发展，而缺陷补偿可以帮助聋人发展语言。例如，在早期语言康复训练中，聋人通过眼睛观察说话者发音时口形和舌位的变化，利用触觉和动觉感知发音时是否送气、声带是否振动。在课堂教学中，教练可以利用情境教学法，使运动员通过观察和活动参与来理解语言。因此，在缺陷补偿的同时，教练不能忽视对听觉障碍运动员听觉技能的培养。

（二）思维特征

思维是人对客观事物概括的、间接的反映过程，是认识过程的高级阶段。聋人的思维特征及含义见表 3–1。

表 3–1　聋人的思维特征及含义

思维特征	含义
思维以形象性的内容作为对象	聋人往往以事物的外部特征作为概念的依据，思维更容易受到知觉情境的影响，很少对事物的本质进行分析。例如，在教学中运动员多以具体的表象文字或数字进行思维加工，缺乏对事物的本质分析
思维发展需要较长时间	思维发展一般要经过动作思维、形象思维和抽象思维三个阶段，与普通运动员相比，聋人因语言形成困难，具体形象思维需要较长时间才能发展到抽象思维
概念的扩大化和缩小化	聋人在概念形成的过程中，会出现概念扩大化和缩小化的现象

续表

思维特征	含义
判断推理困难	聋人容易找出事物之间的不同点，而较难找出事物之间的相同点。不善于做全面分析，常基于表面现象进行判断推理，易出现错误及片面化的问题，逆向思考困难

培养聋人的思维能力，要正确认识其思维发展的特点，切实贯彻启发式教学，把语言学习与思维训练结合起来，开展系统的认知策略训练，培养聋人独立解决问题的能力。

聋人经常表现出自觉性低、果断性不强的行为，并且坚定性和自控性不如健全人。聋人的行动往往需要依靠老师、家长的指导、暗示、督促、检查来完成，行为动机和目的不够稳定，对于长线任务聋人常找借口中途退缩，这往往导致他们不善于根据理智的思考来决定自己的行动，更多地受外因或情绪的影响，容易为情感所左右，遇事易冲动。培养聋人儿童良好的意志品质，要从长远考虑，进行科学正确的教育。

（三）情感特征

心理学把人对于客观事物的体验称为情绪、情感。聋人的情绪、情感特点表现为较易激动、更易焦虑。由于需要不能及时地被理解和满足，所以聋人易冲动。进入学校后，一方面，聋人学习语言，使其可以表达需要并使其需要被理解。另一方面，在与同伴交往的过程中和在教师的教导帮助下，聋人逐渐学会抑制自己的冲动情绪。

社会情感是逐渐内化的过程。儿童阶段聋人社会情感的参照大多依靠其父母和老师，我们经常会从儿童的口中听到“我妈妈说撒谎不是好孩子”“老师说要做一个诚实的孩子”等。只是由于听觉障碍，聋人在获取信息方面与健全人相比处于劣势，因此与健全人相比，聋人的高级情感发展缓慢。但随着社会情感不断内化，聋人的社会情感（道德感、理智感、美感）也会逐渐发展起来。

聋人与他人的沟通有障碍，其伙伴范围狭窄，所以在选择玩伴时，聋人更愿意与聋人交往，社交范围较窄。因此，教师应当鼓励聋人参与到健全人的活动中去，同时要指导健全人主动接纳聋人，使聋人在克服自己胆怯和怕别人歧视的心理的同时，得到更有利的交往环境的支持，促进其社会性的发展。

（四）记忆特点

记忆是过去的经验在人脑中的反映，包括识记、保持、再认或回忆 3 个基本环节。聋人的记忆特点主要表现为以下几点。

（1）无意记忆占优势。学前期的聋人可能对背诵儿歌等需要有意记忆参与的活动会有困难，但是如果活动是他们感兴趣的，那么他们对这个活动的印象会比较深刻，如游览动物园等。语言康复和训练就是要利用聋人无意记忆的优势来发展他们的语言能力和培养他们的有意记忆。有意记忆依靠运动员的兴趣，而兴趣是积极情绪的反映。因此，在足球教学中，教练要对运动员取得的进步和成就进行表扬，唤起其积极的情绪，培养其学习的兴趣，以达到培养有意记忆的目的。有实验表明，多种感官参与的记忆，其记忆效果要好于单凭一种感官的记忆。

（2）形象记忆优于语词记忆。形象记忆是根据具体的形象来识记材料的，而语词记忆是语言形式的记忆。由于听力损伤，聋人主要以形象记忆为主。培养运动员的语词记忆，要依靠其形象记忆，在依靠形象记忆帮助其理解事物的基础上，教师要运用多种手段来促进其语词记忆。

（3）由于聋人接收的视觉、动作性刺激更多，这些在头脑中留下的痕迹也较之言语刺激留下的痕迹更深刻、更丰富，因此，聋人的记忆特点是形象、动作记忆好于言语记忆。

（五）语言发展特征

言语是人们在各种活动中应用语言的过程。聋人在 6 ～ 7 个月时，也会牙牙学语，但是得不到反馈、得不到强化，不能完全感受到成人的言语模式。因此，在没有正常言语的环境下，这种牙牙学语会慢慢消失。认识聋人语言发展的特点，有助于教练遵循规律对其进行有效的指导，增强其沟通效果。

聋人的语言发展特征表现为以下 3 点。

（1）口语与书面语普遍落后于健全人。聋人由于缺少听觉的帮助，在系统地学习口语和书面语的起步阶段就落后于健全人，加之其语言环境刺激较少，使得聋人在理解能力上落后于健全人，进而影响其口语和书面语言表达能力的发展。

（2）手语是聋人沟通交往的主要工具之一。手语在我国是手势语和手指语的合称。聋人与教师主要通过手语交流，在聋人教学过程中，手语也至关重要。

（3）聋人在语言发展过程中还要使用唇读来获取信息。唇读是利用视觉观察说话人口部活动及面部表情来理解说话内容的一种交往技能。

三、聋人足球的基本技术

以下重点介绍球性与球感、运球、传球、接球、射门、守门员技术等足球基本技术的动作原理与方法，并在分析各技术动作的动作过程、动作方法的同时，分析聋人足球运动员学习足球基本技术时常犯的错误以及纠正错误的方法，以帮助聋人更好地掌握足球技术动作。

（一）球性与球感

能增加脚对球的感知，能够通过练习增加对球的控制力的都属于球性与球感。以下举几个平时常见的训练方法。

1．脚颠球练习

颠球的部位通常有脚背正面、脚内侧、脚外侧、大腿、胸部、头部、肩部等。当球下落时，身体某部位用力均匀地接触球的下部，使球平稳地上下运行。下面以脚背正面颠球为例进行介绍（如图 3–1 所示）。

图 3–1　颠球基本动作

（1）基本动作及训练方法

颠球时，脚向上方摆动，用脚背击球，击球时踝关节固定，击球的下部。双脚可交替击球，也可以一只脚支撑，另一只脚连续击球。击球时用力要均匀，始终将球控制在身体周围。

（2）教学重点

要控制两脚的力度，将球控制在身体周围。

（3）教学难点

要保证脚触球部位的准确性，如果触球部位不准确，将导致运动员对球失去控制，很难让球的落点在可控范围内。

（4）易犯错误与纠正方法

易犯错误：脚击球时踝关节松弛，造成用力不稳定；击球时脚尖向下伸或者向上勾，造成球受力后向前跑或向后触碰身体，使球难以控制；脚在接触球时身体其他部位不够放松，以致动作僵硬；头部、胸部、肩部颠球时，腿部、躯干配合及用力不协调。

纠正方法：身体放松，明确击球时触球脚脚背和小腿的角度；击球时脚踝要绷紧；身体重心要随时保持平衡；让球自由落体，在落点弹起的一刹那，伸脚触球一次；体会触球时间、触球部位、触球力量和整个动作的协调配合；在操练过程中，尽量两只脚都操练，左右脚轮换颠球，不要只用一只脚；尽量让球向自己的身体方向回旋，颠球高度最好不要超过膝关节。

（5）指导建议

教练示范要规范，示范动作要从不同的角度进行演示，与运动员分析产生错误的原因。颠球时要根据下一个击球部位调整击球力量，运动员要随球调整身体重心。聋人足球运动员的耐心不足且好胜心强，他们会因为短时间的不成功而产生急躁、沮丧的心理，这时教练要鼓励他们。

2. L 形踩拉球练习

（1）基本动作及训练方法

该技术动作如图 3–2 所示，身体自然放松，上体稍前倾，膝关节微屈，手臂屈肘自然摆动。先将球停在身体侧前方，前脚掌轻踩球的

图 3–2　L 形踩拉球动作

上方，膝关节弯曲，向后拉球，将球拉至身后，用脚内侧将球推向另一只脚的方向，待球滚至另一侧，用另一只脚的前脚掌将球踩停，换脚继续练习。

（2）教学重点

拉球时触球部位以及连贯性。

（3）教学难点

支撑脚在触球脚后拉球的刹那前移。

（4）易犯错误与纠正方法

易犯错误：在脚内侧交替运球的过程中，脚的力量较难控制，导致在运球时失去对球的控制。如果触球部位不准确，将导致运动员对球失去控制，很难形成固定的运球路线。

纠正方法：可以将拉球的动作分为若干个步骤，依次进行讲解并练习。

（5）指导建议

教练示范要规范，示范动作要从不同的角度进行演示，动作由慢到快，依次进行。特别注意强调在触球脚直线回拉至略后于支撑脚位置时，支撑脚蹬地向前，同时触球脚向内侧拨球。

3. 双脚后退踩拉球练习

（1）训练方法

该技术动作如图 3–3 所示，在后退踏步踩球时，双臂摆起来，调动全身的动作，在后退的过程中尽量抬头看前方，通过脚感触足球，从而提高控球能力。

（2）教学重点

节奏感要强。

（3）教学难点

后退时的平衡掌握。

图 3–3　双脚后退踩拉球动作

（4）易犯错误与纠正方法

易犯错误：躯干过分后仰，臀部后坐，双臂不摆动或者摆动幅度小。

纠正方法：教练从不同角度示范，运动员先进行无球模仿练习，待熟练后再进行有球练习。

（5）指导建议

增加练习频次，教练员在练习中时刻注意运动员的情绪变化。聋人运动员对于不会做的事情会选择放弃，此时教练应该多鼓励，引导他们展开积极性思维，让他们从根本上理解和消化新的动作。

练习队形保持有序，队员之间的间隔要适中。注意运动员在练习时场地的安全。辅助训练人员介入。

（二）运球

常用的运球技术有脚内侧运球、脚背正面运球、脚背外侧运球、脚背内侧运球、脚底踩拉运球等。下面以脚内侧运球为例进行介绍。

1．基本动作及训练方法

该技术动作如图 3–4 所示，脚内侧运球要求在运球前进时支撑脚始终领先于球，位于球的侧前方。肩部指向运球方向，支撑腿膝关节微屈，重心放在支撑腿上，另一条腿提起屈膝，用脚内侧推球前进，然后运球脚着地。由于肩部指向运球方向，身体侧转，虽然移动速度较慢，但身体前倾有利于将对手与球隔开，因而这种运球技术多运用在运球寻找配合或对方阻拦需用身体做掩护时。

图 3-4　脚内侧运球动作

2．教学重点

脚内侧运球时脚的触球部位。

3．教学难点

能有节奏地运球，传球控制好力量。

4．易犯错误与纠正方法

易犯错误：只顾低头看球，而不能随时观察场上情况，以致不能及时传球或射门；运球时，不是推拨球，导致球离身体过远而失去控制。

纠正方法：练习时在前面设定目标，运动员要提醒自己注意观察目标的变化；练习原地脚内侧推拨球，体会脚内侧与球接触的感觉。

5．指导建议

运动员要提高观察能力，用脚内侧直线运球，要求一步一触球、两步一触球。在运球过程中，上肢要随着身体的移动而做相应的运动，并根据教练手势变化做出相应的反应。

（三）传球

传球是比赛中运用最多，也是最重要的技战术手段，常用的传球技术有脚内侧传球、脚尖传球、脚背外侧传球、正脚背传球、脚背内侧传球等。下面以脚内侧传球为例进行介绍，其技术动作如图 3–5 所示。

图 3–5　脚内侧传球动作

1．基本动作及训练方法

直线助跑，支撑脚着地前的最后一步稍大些，支撑脚站在球的侧面约 15 厘米处，脚尖正对出球方向，支撑腿膝关节微屈。在支撑脚着地时，踢球腿大腿带动小腿由后向前摆动，在前摆的过程中大腿外展，当膝关节摆动到垂直于地面时小腿做爆发式摆动，在触球前将脚跟送出，使得脚内侧部位所形成的平面与出球方向垂直，踢球脚脚底与地面平行，脚尖微微翘起，踝关节功能性地紧张使脚形固定，触（击）球后身体跟随移动，髋关节向前送。

2．教学重点

脚内侧传球的训练方法。

3．教学难点

全身协调用力、脚击球的位置与出球方向。

4．易犯错误与纠正方法

易犯错误：支撑脚位置偏后，踢球时身体后仰或者臀部后坐，触球后下部，踢出的球位置偏高；踢球腿的后摆较小或者没有后摆，而仅是将球踢出以致前摆过度，造成踢球无力或出球较高；在前摆过程中，小腿爆发式地摆动过早使得脚触球时不是小腿摆速最大的时候，因而出球无力（对出球方向也有影响）；踢球腿摆动方向不正，以致踢球施力方向没有通过球的重心，出球旋转；脚趾弯曲不够，以致不能用脚的正确部位触球，出球的力量和方向均受到影响，且易损伤脚趾；踢球脚与球接触时未能按要求接触球的合理部位，影响了触球的准确性，对出球的力量及性质也产生了影响。

纠正方法：两人一组，一人用脚踩球，另一人做原地或上一步的踢球练习；踢球力量不要过猛，体会支撑脚的站位和摆动腿的摆动动作。

5．指导建议

教练应引导运动员进入主题，即通过准备活动充分地活动身体各关节，预防运动损伤，提高运动员的学习兴趣。从无球模仿练习开始，然后再进行有球的练习。开始阶段教练主要让运动员体会以髋关节为轴，大腿带动小腿的摆动方法。通过教练示范、运动员模仿演示，提高运动员对自己、对他人评价的能力，让运动员感知获得进步的喜悦。练习应循序渐进，不应过急。两人之间的练习距离要适当，开始练习阶段距离最远不要超过 5 米。

（四）接球

接球是指运动员有目的地用身体合理部位把运行中的球接下来，控制在所需要的范围内，以便更好地衔接下一个技术动作。常用接球技术有脚内侧接球、脚底接球、大腿接球、胸部接球、脚背外侧接球等。下面以脚内侧接球为例进行介绍，其技术动作如图 3–6 所示。

1．基本动作及训练方法

脚内侧接球，由于脚触球面积大，动作简单，较易掌握，比赛中经常使用脚内侧接球技术接各种地滚球、平球、反弹球、空中球。脚内侧接球动作要求支撑脚脚尖正对来球，膝关节微屈，肩膀正对来球。接球腿膝关节弯曲、提起，大腿外展，使脚内侧正对来球方向。脚尖微翘，脚底基本与地面平行。接球脚的脚内侧向前迎球，在脚内侧与球接触的一刹那迅速后撤，把球接在脚下。

2．教学重点

正确的触球部位。

3．教学难点

两腿动作协调。

4．易犯错误与纠正方法

易犯错误：球从脚下漏过，主要原因是未掌握好脚的触球部位；接球时，球远离身体控制范围，影响下一个动作的衔接；接球后身体重心不能及时跟上，影响身体对球的控制。

图 3–6　脚内侧接球技术动作

纠正方法：进行接球技术动作的模仿练习，着重体验脚底正确的触球部位；有目的地控制传球速度，传球线路、传球力度应协调好；先原地接球，然后过渡到移动接球；确保运动员在接球之前学会习惯性地左右观察。

5．指导建议

教练应引导运动员进入主题，即通过准备活动充分地活动身体各关节，预防运动损伤，提高运动员的学习兴趣。从进行无球模仿练习开始，然后再进行有球的练习。开始阶段教练主要让运动员体会脚内侧正确的触球部位。通过教练示范、运动员模仿，提高运动员对自己、对他人评价的能力，让运动员感知获得进步的喜悦。两人之间的练习距离要适当，开始练习阶段距离最远不要超过 5 米，然后逐渐过渡到 10 米左右。不论哪种接球方法都要求遵循物理学中的“非弹性碰撞”原理（缓冲），同时控制动作之间的转换。

（五）射门

射门是比赛胜负的关键环节，抓好射门技术训练是足球训练的重要任务。常用的射门方式有直接射、运射、接趟射、过人射和直接踢任意球射门等。下面以运射中的正脚背射门为例进行介绍，其技术动作如图 3–7 所示。

1．动作要求

步法、步点要准确，脚法和击球部位要准确，击球的一瞬间要集中力量。

2．教学重点

确保向后摆腿的距离短。

3．教学难点

注意身体下压姿势。

4．易犯错误与纠正方法

易犯错误：支撑脚位置不当，造成踢球脚无法有效地触及球的正确部位；踢球脚与球接触时未能按要求接触球的合理部位，影响触球的准确性，对出球的力量及性质也产生了影响；踢移动的球时，没有根据球的方向、速度、性质等选择支撑脚的位置，也没有对踢球腿的摆动速度加以控制。

纠正方法：进行踢球技术动作的模仿练习；一人用脚底挡球，另一人踢球；辅助人员辅助。

图 3–7　正脚背射门动作

5．指导建议

动作方法正确，力量适中，练习应循序渐进，从进行无球模仿练习开始，然后再进行有球练习。通过教练示范、运动员模仿演示，提高运动员对自己、对他人评价的能力，让运动员感知获得进步的喜悦；准确判断来球的方向、力量与落点，射门准确有力，抢点射门时要快速突然并选择合理的方法；教练要教导运动员学会观察（自己的位置、场地空间、对手位置、守门员位置等），并快速完成射门的动作；掌握好传、接、跑的时间，射门准确有力，包抄射门要快速突然。

（六）守门员技术

守门员是全队最后一道防线，主要任务是守住本方球门。守门员的有球技术包括接球、扑球、托球、双拳击球和抛掷球等。

1．接球

接球既是守门员技术的重点，也是足球运动中常见的技术。其特点是简单、容易掌握，运用范围广，稳定性要求高，是守门员必须熟练掌握的基本能力。其从手型上可分为下手接球和上手接球。

（1）下手接球

①训练方法。

下手接球的基本手型为“簸箕”状，双手手指张开，掌心向上，小拇指靠拢，适用于接地滚球、低平球、低弧度的反弹球和高弧度的落降球。

接球的基本姿势有跪式、腹背式和站立式，如图 3–8 至图 3–10 所示。完整的训练方法是守门员的身体正对来球，当球临近时，根据来球的高度做好相应的接球姿势。接球时，两臂伸出迎球，手型相对稳定，角度合理，在手指触球的一刹那，屈臂夹肘、收球缓冲，并顺势屈腕、压胸，将球抱于胸前。

图 3–8　跪式接球

②易犯错误与纠正方法。

易犯错误：选位不正确，身体没有正对来球，接球易失误；屈臂收球不夹肘，使球从臂间漏掉；接低平球时，引球缓冲时机不准，缓冲效果差，球直接触击胸部；接球时手指过分弯曲，手型小，接球不稳。

图 3-9　腹背式接球

图 3-10　站立式接球

纠正方法：进行快速的脚步移动练习和接收信号的反应练习，使身体到位接球；进行模仿性练习，注重强调手型和屈臂夹肘的动作；接低平球或地滚球时，注意引球、抱球的缓冲动作。

（2）上手接球

如图 3-11 所示，上手接球基本手型为“球窝”状，掌心向前稍内倾，手指向上，拇指靠拢。上手接球适用于接胸部以上的各种高球。上手接球的基本姿势有原地接球和跳起接球。

图 3-11　上手接球基本手型

①原地接球训练方法。

原地接球时，身体正对来球，当球临近时，两臂举起迎球，控制好接球手型。在触球的一刹那，掌心要空，手腕、手指用力接球，手臂顺势下引，缓冲收球，手腕扣紧，前臂旋外夹肘，两手贴紧球体表面翻转滑动，将球牢牢抱于胸前。

图 3–12　跳起接球

②跳起接球训练方法。

如图 3–12 所示，跳起接球时，首先观察来球的路线，判断来球的旋转方式和落点，然后选定起跳点，掌握好起跳时机，保持身体在空中的平衡。跳至最高点时，伸臂展体将球接住或一腿提膝内扣，做好自我保护，并顺势收于胸前。落地时，要注意屈膝缓冲。

③易犯错误与纠正方法。

易犯错误：接球时肘关节外张，手腕没有扣紧，影响接球效果；接球时两手掌相对，手型后仰，使球从两手臂间漏掉或脱手；接球后，手臂下引收球时，前臂没有夹肘动作，接控球不稳；跳起接球时机掌握不好，没有跳至最高处接球。

纠正方法：进行模仿性练习，注重强调手型和屈臂夹肘的动作；可在硬地上进行移动的双手运球或对墙进行滑步掷接球练习，注意夹肘扣腕；进行自抛自接练习，注重起跳至最高点接球并顺势抱球于胸前。

2．扑球

扑球既是守门员技术的难点，也是守门员技术中最具观赏性的动作。其特点是守门员在重心无法移动的情况下，利用直接倒地或腾空倒地，加速重心向球侧移动。扑球技术要求守门员具有较强的专业能力。扑球可分为倒地侧扑和腾空跃起侧扑两种。

（1）倒地侧扑

①训练方法。

如图 3–13 所示，扑两侧球时，首先做好准备姿势，两眼注视来球，身体重心置于两腿之间，两脚时刻准备蹬地，精力集中。扑球时，异侧脚内侧侧蹬发力，同侧脚屈膝迎球跨出，上体顺势压扑以加速重心的前移，双臂同时迎出接球，腕关节稍内扣，用手掌挡压控球。触球后屈臂收球于胸前，并快速抱球起身。倒地侧扑过程以小腿、大腿、臀部、肩和手臂外侧顺序缓冲着地。扑脚下球时，做好准备姿势，两眼注视并判断对手将要起脚射门的方向，扑球时重心降低出击迎球，在对手起脚射门的一刹那，快速倒地侧扑，封堵球路，将球接住或挡出。倒地侧扑接球后随即做屈膝团身动作，进行自我保护。

图 3–13　倒地侧扑

②易犯错误与纠正方法。

易犯错误：迎球侧跨步时，上体不做压扑动作，影响倒地速度；接球手臂伸出不一致，影响接球手型，接球不稳；倒地时肘关节外展，导致受伤并影响控球稳定。

纠正方法：进行模仿性倒地练习，注意强调侧蹬地和上体的下压；

可侧躺在地上进行双手的接球动作练习；强调腕关节稍内扣，手掌挡压球。触球后屈臂收球于胸前，并快速抱球起身，进行另一侧的练习；进行跪地侧倒地接球练习，注重身体的充分伸展。

（2）腾空跃起侧扑

①训练方法。

如图 3–14 所示，扑地滚球时，确定来球路线后，迅速降低重心，身体向球侧倾斜移动。同侧脚侧上步，用脚掌外侧蹬地发力，使身体呈水平状腾空，两手同时快速迎球，身体展开。接球手型成球窝状，靠压腕和手指用力将球控制住。落地时，两手按球，随即屈肘，以前臂、肩部、上体侧面和下肢依次着地。注意屈膝团身护球，并顺势抱球起身。扑平高球时，当身体重心倾移至踏跳脚时，用脚外侧发力猛蹬，使身体向来球的方向跃起腾空。手臂伸出迎球，身体充分伸展，并以“球窝”状手型发力，将球接稳，随重心落降，开始落地缓冲，动作方法同扑地滚球。

图 3–14　腾空跃起侧扑

②易犯错误与纠正方法。

易犯错误：侧蹬发力差或身体重心倾移速度慢，腾空跃起的距离短；腾空后团身、落降速度快，影响腾空接球动作的完成；落地时身体整体落下，导致受伤并影响控球的稳定性。

纠正方法：在海绵垫上进行腾空倒地练习，注意强调侧蹬地和加快重心倾移速度；可扑接固定球或抛球，不断增加腾空飞行的距离，进行接球练习。注意强调触球后屈臂收球于胸前，并快速做保护动作。进行专门的落地练习，注意身体着地的顺序。

3．托球

托球一般用于临近球门的防守，对那些射门力量大、角度刁、贴近球门横梁或立柱的球可采用托球。托球时多用单臂，以增加触球的距离（如图 3–15 所示）。

图 3–15　托球

（1）训练方法

托球时，近球侧手臂伸出迎球。触球的一刹那，手腕后仰，用手掌跟部顶推发力，将球向侧方或上方托出。

（2）易犯错误与纠正方法

易犯错误：伸臂和顶推动作脱节，影响动作发力；用手掌前部托球，力度不够；落地时身体整体落下，没有缓冲动作，容易受伤。

纠正方法：在原地做伸臂和顶推动作练习，注意强调用手掌跟部发力；做固定球或抛球练习，进行起跳托球和落地时的缓冲练习，注意强调落地时的保护动作。

4．双拳击球

（1）训练方法

如图 3–16 所示，双拳击球时，在起跳上升阶段，双臂于胸前屈肘握拳，两拳靠拢，拳心相对。至最高点时，双拳同时迎球，冲出击球。

图 3–16　双拳击球

（2）易犯错误与纠正方法

易犯错误：起跳时机把握不准，击不准球；出拳的拳面和击球点的位置没掌握好，影响击球的力量和方向。

纠正方法：在原地做双拳击球动作练习，注意确定击球点和整个动作的发力；做固定球或抛球练习，进行起跳击球和落地时的缓冲练习。

5．抛掷球

（1）训练方法

如图 3–17 所示，勾手抛掷球时，身体侧对出球方向，两脚前后开立，持球臂屈肘后引，身体随之侧转，腰部扭紧，重心移至后脚。掷球时，后脚发力蹬地并快速转体，持球臂顺势由后经体侧向前上呈弧线形摆动，摆至肩上方时甩腕，将球掷向目标。

如图 3–18 所示，低手掷球时，两脚前后开立，两膝弯曲，掷球臂后撤引球，身体随之侧转，重心移至后脚。掷球时，后脚蹬地、转体、送臂和甩腕拨球连贯发力，将球掷向目标。

图 3–17　勾手掷球

图 3–18　低手掷球

（2）易犯错误与纠正方法

易犯错误：引球时不转体，不能利用腰部力量掷球；掷球时缺乏甩腕拨球动作，出球方向控制不好。

纠正方法：进行掷实心球的练习，注重转体和腰部发力；可进行两人一组的勾抛掷球练习，注重强调出球的方向和落点的准确性。

四、聋人足球的基本战术

下面重点介绍比赛阵型、进攻战术和防守战术。

（一）比赛阵型

战术通常以阵型为基础，比赛阵型指比赛中根据某些具体的角色和功能在场上有组织地站位。这种分配可在本队队员之间建立一系列的互动（战术），从而在完成目标的同时，不损失攻守平衡。

阵型必须既是动态的，也是灵活的，因为阵型在比赛过程中会被持续打乱又一再被重建。要根据当时场上的球员、对手以及比赛的情况来选择某种具体的阵型。以下简要介绍两种常见阵型。

1．1-1-2-1（1-3-1）阵型

1-1-2-1 阵型如图 3-19 所示。

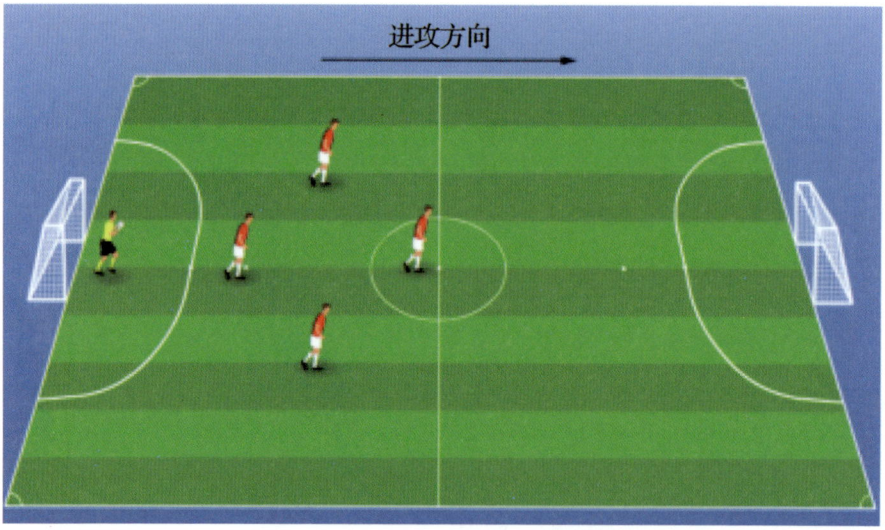

图 3-19　1-1-2-1（1-3-1）阵型

（1）要求：防守时，队员要回到本方半场内，紧逼盯人，进行密集防守。进攻时，前锋要利用自身的突破能力，为两个边路创造插上空间，快速跟进射门。

（2）优点：能够有效地提供防守保护。

（3）缺点：守强攻弱，体能下降较快，进攻支撑点较少。

（4）注意事项：注意相互补位，中锋球员要有较强的背身处理球的能力，注意轮换，保证体能充足。

2．1-2-2 阵型

1–2–2 阵型如图 3–20 所示。

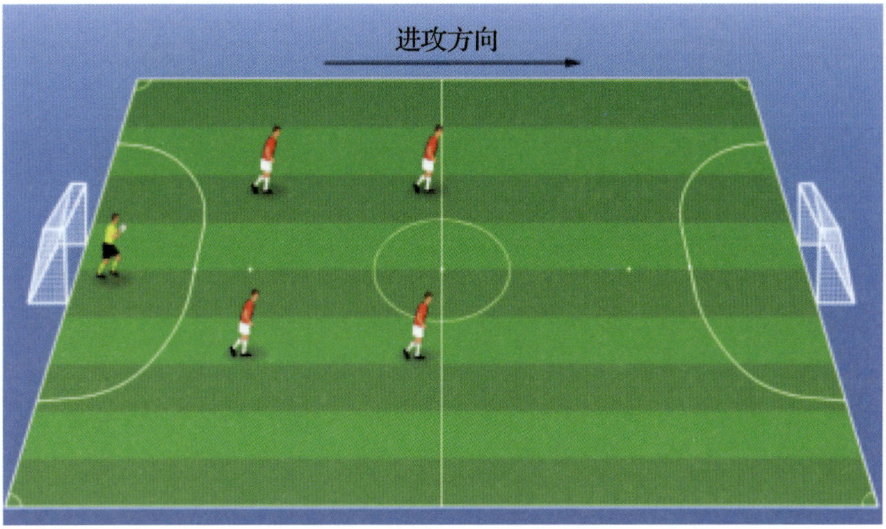

图 3–20　1–2–2 阵型

（1）要求：采用该阵型需单兵作战能力突出，攻守兼备。

（2）优点：全攻全守、攻守平衡。

（3）缺点：防守时容易出现空当，被对方打反击。

（4）注意事项：观察场上队友及对方球员的位置并相互补位和协防；注意轮换；保证体能充足。

（二）进攻战术

进攻战术由个人进攻战术、局部配合进攻战术、整体进攻战术及定位球进攻战术 4 个部分组成。

1．个人进攻战术

个人进攻战术是构成局部和整体进攻战术的重要环节，个人进攻战术水平的高低直接影响局部和整体进攻战术的质量。个人进攻战术包括传球、射门、运球突破和摆脱跑位等。

（1）传球

传球是五人制足球比赛中运用非常多的技战术手段之一。传球时需要注意以下事项：

①培养良好的传球意识。养成传球前抬头观察的习惯，扩大视野范围。

②隐蔽传球意图与方向。多采用直接传球、变向传球、结合假动作传球，并运用多种传球脚法的变化来隐蔽传球的意图与方向。

③把握传球时机。把握恰当的传球时机的能力标志着运动员传球战术意识的高低。恰当的传球时机应是在时间和空间上有利于同伴接球摆脱和及时处理球，但又能避免其越位。

④提高传球准确性。及时把握向前传球的机会，传球路线应尽量避开对方的抢截半径和断球的可能。采用中距离传球，传球弧线一般要与接球者跑动切入的方向一致。传中球的弧线要与冲顶射门的同伴的跑动方向相反。顺风进攻时少传直传球和长传球，传球力量适当小些；逆风进攻时多采用短传球和低球，力量适当大些。下雨地滑时多传脚下球；场地泥泞时少传地滚球，多传空中球。

（2）射门

射门是一切进攻战术配合的最终目的和进攻得分的唯一手段。要想在对方严密防守和紧逼拼抢的情况下有效地完成射门，就必须有强烈的射门欲望，善于抓住射门时机，选择合理的射门方法。射门时应注意以下事项。

①射门必须准确、突然、有力。准确既是射门的前提，也是破门得分的关键。在准确的基础上，要射得突然、有力，使对方守门员猝不及防，远射更应强调力量。

②尽量射低平球。守门员扑接低球与地滚球比接平球、高球难，尤其是射向球门两侧的低球更为难接，因为守门员降低身体重心或倒地扑球需要更多时间。此外，射低球或地滚球不但球速快，而且随时可能由于某种原因在运行过程中使球改变方向，守门员往往会由于始料未及而造成动作失误。

③选择最佳射门角度。射门前要观察守门员所处的位置和移动情况，选择好射门角度，这会直接影响射门的效果。当守门员站在球门中间时，应将球射向球门的两个下角；当守门员移动时，要将球射向他移动的反方向，侧面射门时应尽量射远角，即使射门不进，同伴还可以包抄补射；当守门员站位过于靠前时，要注意吊射。

④把握射门时机，选择合理的射门方法。出现射门机会时，应果断、快速地起脚射门，任何犹豫均会造成动作迟缓，从而丧失射门良机，同时要力争抢点直接射门。

（3）运球突破

运球突破是撕开对手防线、创造以多打少局面的锐利武器，也是更好地创造射门和传球机会的有效手段。选择运球突破应注意以下事项。

①控好球，护好球。能突破则突破，不能突破也不要丢失控球权，使全队陷入被动。

②掌握好运球突破的时机、距离和方向，当对手犹豫不决或身体重心移动时，从其身体重心移动的反方向果断运球突破。

③运球逼近、调动、超越、摆脱对手的技术环节应衔接紧凑，一气呵成。

④一旦突破对手，应及时射门或与同伴传球配合。

⑤机动灵活地运用运球突破战术。当对手紧逼防守时应多采用假动作；当对手松动防守时，应诱使其出脚犯错误；当对手的速度快时，

多采用变向突破；当对手的速度慢时，多采用变速突破。

⑥在本方后场切不可滥用运球突破，以免贻误进攻战机或造成本方被动。

（4）摆脱跑位

摆脱跑位是无球队员在进攻战术中的有计划、有意识、有目的的战术行动。选择摆脱跑位应注意以下事项。

①了解周围的环境。学会从紧张的比赛中抽离出来，了解周围发生的一切，知道队友在哪里、对手在哪里、自己在哪里。

②明确的目的。通过变速、变向甩开对手的紧逼防守，获得有效的接球时间和空间，达到摆脱、接应、拉开、切入、插上、套边、包抄、扯动和牵制的目的。

③合理的时机。传球队员在得球前要仔细观察，主动跑位引导传球的方向、时机。

④多变的行动。传球后应力争向前且隐蔽跑位意图。

2．局部配合进攻战术

局部配合进攻战术由两人或三人共同完成。常用的进攻战术有斜传直插二过一、直传斜插二过一、斜传斜插二过一、回传反切二过一等。

①斜传直插二过一。当防守队员身后有一定空当，防守队员距插入队员较近时，采用此种二过一进攻战术配合效果较好。

注意事项：二过一配合的传球脚法以脚内侧居多，因为二过一配合一般都是短距离传球，脚内侧出球准确、平稳。

②直传斜插二过一。当防守队员身后有较大空当或防守队员移向接应队员时，采用此种二过一进攻战术配合效果较好。直传球力量要适当。

注意事项：二过一配合的控球队员要有运球突破的意识和行动，给防守方以压力，把防守方的注意力吸引过来，不要过早暴露二过一配合的意图，这样才能创造出二过一配合的局面，打乱对方的防守队形。

③斜传斜插二过一。它又叫“踢墙式”二过一配合。当防守队员身后空隙较小或采用连续二过一时，采用此种二过一进攻战术配合效果较好。

注意事项：二过一配合的“墙”不应是原地静止的，而应是在快速跑动中调整位置，直接传球，以达到最佳效果。二过一配合第一传后，可多人插上，传球的第一插上者被保护补位的防守队员封堵后，可利用第二、第三插上者进行接二过一配合。

④回传反切二过一。当接应队员与控球队员有一定的纵深距离，而且防守队员贴身逼抢时，可主动向后扯动，拉出空当。

注意事项：回传反切二过一配合要考虑纵深距离。传球队员和反切队员尽量不要在同一纵轴线上传切，以免给传球和接球带来困难。

3．整体进攻战术

整体进攻战术涉及的人员比较多，需要全队协调一致地行动，是进攻实力和配合能力的综合体现，常通过边路进攻、中路进攻、转移进攻、快速反击等战术完成。

（1）边路进攻

边路进攻要充分利用“宽度”原则，拉开防守距离，削弱中路的防守力量，创造中路破门得分的有利战机。边路进攻主要包括以下几种方法。

①边锋在边路运球突破，如图 3–21 所示。

②边锋与中锋或前卫二过一配合，如图 3–22 所示。

③下底回传，如图 3–23 所示。下底回传是指边路突破后沿球门线切进罚球区，在中卫封堵之前向回传中，由队友在中路抢点射门。

（2）中路进攻

中路进攻的方式多种多样，以下介绍两种常见形式。

图 3-21　边锋突破进攻

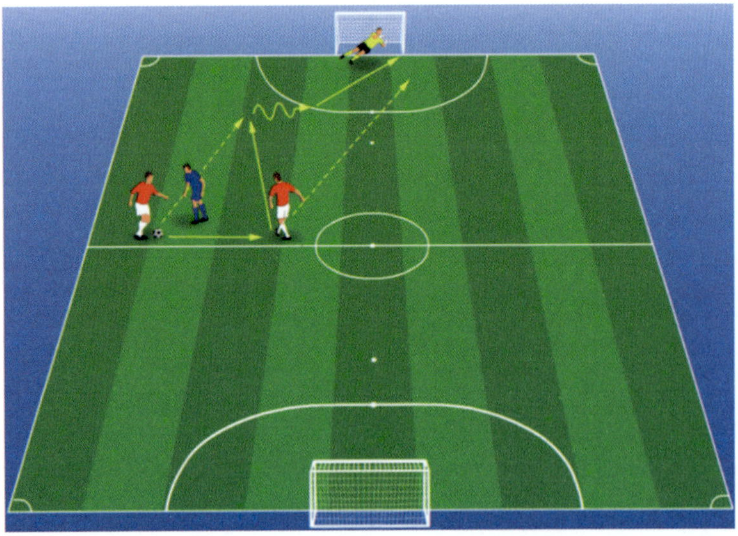

图 3-22　边锋与中锋或前卫配合进攻

图 3-23　下底回传进攻

①横扯前插配合。如图 3-24 所示，由中锋跑位扯动，拉开与防守队员间的距离，制造出第二空当，前卫队员突然插上射门。

图 3-24　横扯前插配合进攻

注意事项：可以在运球突破中远距离射门或利用个人娴熟的控运技术突破后射门。

②头球摆渡配合。当地面配合难以突破对方的防守时，可运用外线吊球，利用中路攻击手的身高和头球优势，争顶摆渡，边锋或前卫插上射门，如图 3–25 所示。

图 3–25　头球摆渡配合进攻

（3）转移进攻

转移进攻是指由一个区域转向另一个区域的进攻配合，如图 3–26 所示。一般由中路进攻受阻时转移到边路组织进攻，或边路进攻受阻时转移到中路组织进攻，或由一侧边路转移到另一侧边路组织进攻。转移进攻的特点是，充分利用场地的空间和足球比赛进攻没有时间和传球次数限制的规则，及时转移攻击点，迫使对方的防线横向扯动，出现空当，从而成功地突破防线。

进攻受阻的明显标志是防守局部人数明显超过进攻局部人数，而且防守能力很强，此时应及时转移进攻方向。队员的视野要广，转移进攻点的意识和观察分析、审时度势的能力要强，这样才能及时把握转移的时机。转移进攻最好有组织者和信号，组织者一般应是突前前卫或拖后前卫。进攻受阻时持球者应及时将球回传给组织者（这就是信号），并由组织者及时转移进攻点。转移进攻时，全队的思想要统一，行动要积极，特别是一侧边路进攻转移到另一侧边路进攻时，前卫、边后卫应及时插上，这样进攻才会收到较好的效果。

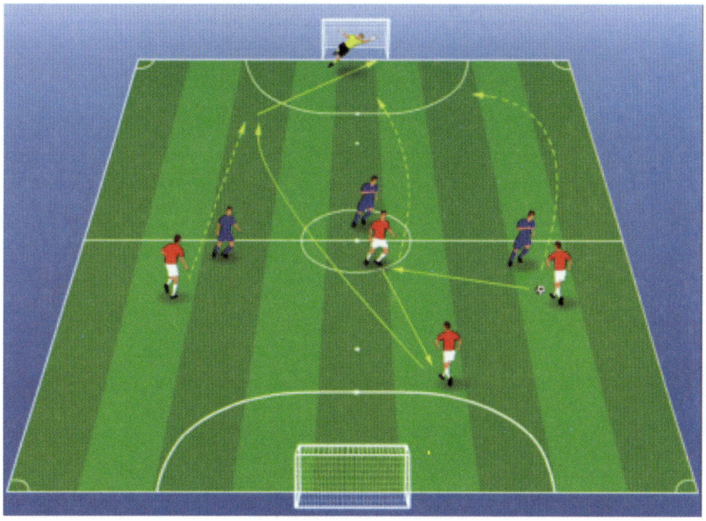

图 3–26　转移进攻

（4）快速反击

快速反击是指防守方在获得控球权后，在对方尚未形成稳固防守态势时，快速攻击对方，从而创造射门机会。抢截到对方的传球后、抢到对方脚下控制的球后、对方进攻中犯规而被判罚任意球时，这些时机能否被充分利用，最为关键的因素在于能否做到“快”和“准”。

注意事项：全队思想统一、行动一致。要有训练有素的快速突击队员和较固定的快攻配合路线，还要具备灵活应变的反击能力。快速反击要求快传球，多采用中、长距离的向前传球，处理时间短，传球次数少。

在前场抢断球后要敢于快速运球突破，直接创造射门得分的机会。

4．定位球进攻战术

定位球进攻战术常通过界外球、角球、任意球完成。

（1）界外球

界外球有两个主要目的：进行一次能够射门得分的尝试、确保对球的控制权。这些目的的实现均受到发球点和对方球门之间的距离、对方防守球员的位置、进攻球员的位置，以及主罚球员应对比赛的能力的影响。

界外球进攻战术如图 3–27 所示。

①战术要领：利用中锋射门。

②练习步骤：进攻球员 2 号传球给 3 号球员，然后做斜向跑。同时，中锋 5 号从中间向边路移动。进攻球员 3 号传球给位于边路的中锋。中锋 5 号既可以传球给 4 号球员射门，也可以传球给 2 号球员。进攻球员 3 号向前移动到中间位置做配合。

③指导建议：如果防守方封堵了从 3 号到 5 号球员的传球线路，那么进攻球员 3 号可以传球给场地另外一侧的 4 号球员，该球员可以和 2 号球员做配合。

④训练要点：确保发球队员有良好的观察视野（抬头观察），确保无球队员的移动能够制造传球线路。

（2）角球

角球进攻战术同任意球进攻战术一样，也是易于破门得分的锐利武器之一。在组织角球进攻时，站位的基本原则是队员分布在禁区内和附近区域，力争获得更多的进攻点。

角球进攻战术如图 3–28 所示。

①战术要领：完成在罚球区外凌空抽射。

②练习步骤：在 5 号球员发球之前，3 号球员和 4 号球员阻挡对方

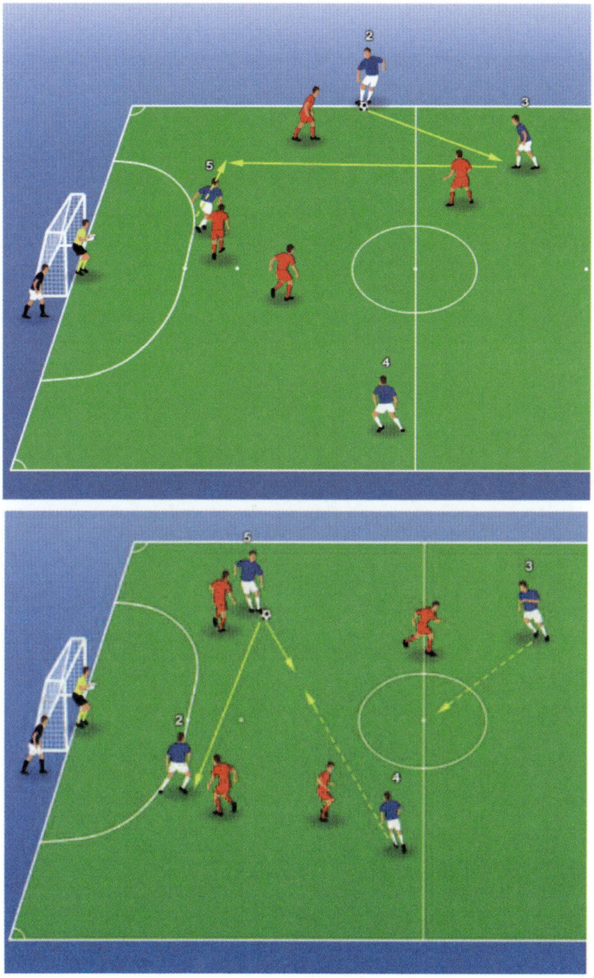

图 3–27　界外球进攻战术

防守球员的防守球员。同时，2 号球员摆脱防守，接高空球，然后向球门抽射。

③指导建议：如果对手摆脱了 3 号球员和 4 号球员的阻挡动作，那么 4 号进攻球员移动到近门柱，3 号球员移动到远门柱，准备接 5 号球员的传球。

④训练要点：要确保 5 号球员抬头观察。控制好阻挡球员（3 号和

4 号）做动作时的身体姿态，为下一个动作做准备。2 号球员移动线路，为进攻球员争取射门时间。

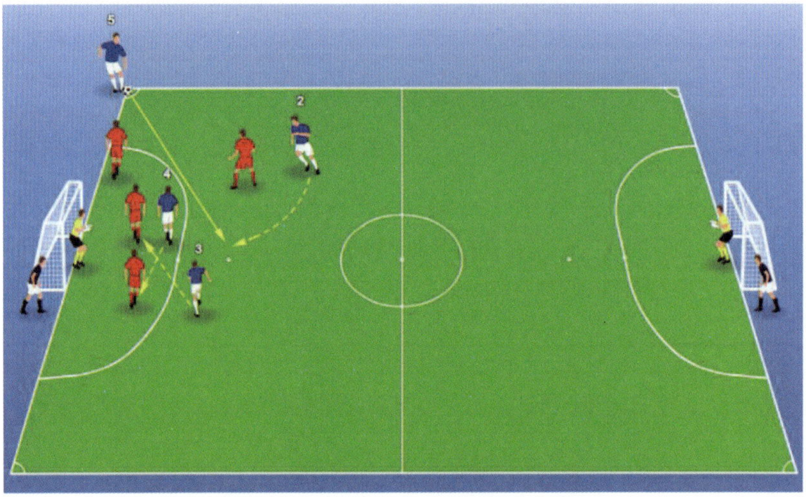

图 3–28　角球进攻战术

（3）任意球

影响任意球最重要的因素是球队的移动和发球队员之间的协同。发球的时候，主罚球员应该选择最好的时机，精确传球或射门，并使用最恰当的力量。主罚球员应该不急不躁，用良好的心态应对比赛。

任意球进攻战术如图 3–29 所示。

①战术要领：双重阻挡后射门。

②练习步骤：2 号球员主罚任意球。从罚球点来看，主罚球员使用右脚最为有利。发球前，4 号球员从人墙和靠他最近的防守球员中间穿过。3 号球员挡住人墙中离球最远的防守球员。5 号球员从二门柱移动回来挡住靠他最近的防守球员。4 号球员做弧形跑动回来，利用 3 号和 5 号球员阻挡的中间空当接球射门。

③指导建议：如果 5 号球员摆脱防守进入罚球区，就制造了一个接应传球的机会。

图 3-29　任意球进攻战术

④训练要点：4 号球员的移动一定要快，5 号球员必须控制好身体姿态来应付防守。

（三）防守战术

防守战术由个人防守战术、局部防守战术、整体防守战术及定位球防守战术 4 个部分组成。

1．个人防守战术

个人防守战术是整体战术的基础，体现着整体战术的特征，包括选位与盯人、断球、抢球等。

（1）选位与盯人

选位是指防守球员根据位置职责和临场情况，选择适当的防守位置，如图 3–30 所示。盯人是指在正确选位的基础上，对防守的对手实施监控或严密控制其进攻行动（如图 3–31 所示）。选位与盯人的要素包括选位要先于进攻球员。进攻球员、防守球员和本方球门中点成一线，并保持适当距离。

图 3–30　选位路线

图 3–31　盯人路线

选位以盯人为主，同时要兼顾球和空间情况的变化。选位要组成纵横交错的三角形或菱形的网络队形。以多防少或以少防多时，要根据具体情况和任务目的灵活选位。在正确选位的基础上，根据不同的场区和任务，对进攻球员实施紧逼盯人或松动盯人。防守球员要注意身位、上抢时机的把握。

（2）断球

断球是指将对方的传球从途中截下来或破坏掉的战术行为。断球是转守为攻最主动、最有效的战术行动，能在对方来不及反抢的状态下进行快速反击。

断球的要素：要正确判断持球球员与接应球员的意图，预测传球的路线和时间。在正确选位的基础上，偏向有球一侧移动，并“松动”防守。对方传出球的一刹那，先于接球球员快速插向传球路线，将球截断下来。

注意事项：不要紧逼盯防接球球员，这样既可防止对方传切自己身后的空当，又可诱使对方向自己身前的对手传球，陷入自己断球的圈套。断球前要分析攻防全局的态势。以少防多时，断球一定要慎重，一旦失误，将造成全局被动。断球后要抓住时机，发动快速反击。

（3）抢球

抢球是指将对方控运的球抢过来或破坏掉的战术行动，是一种重要的个人战术。抢球的技术水平是个人防守能力的重要标志。

抢球的要素：抢球首先要选择在持球对手与球门中点之间的站位，这是对方运球突破的必经之路。对方运球向两侧扯动时，即为抢球创造了有利条件。通过移动与持球对手保持最适宜的距离。在对手接控球未稳或控、运球两个触球动作之间的时机，将球抢下来或破坏掉。

注意事项：抢球首先要站稳，不要受对方假动作的迷惑，盲目出脚而被对方突破。抢球时可主动采用向一侧假抢，诱使对方向另一侧运球而实施真抢。抢球动作要勇猛，既抢球又卡位。抢球后衔接动作要快，及时控球发动进攻。如果抢球不成功，要快速转身，及时换位回防。

2．局部防守战术

局部防守战术是指两个或两个以上防守球员之间的配合方法。它是集体防守战术的基础。其基本配合形式有保护、补位和围抢。

（1）保护

保护是指给逼抢持球球员的同伴心理和行动上的支持，使其无后顾之忧，全力以赴地紧逼对手。一旦被持球队员突破，保护球员可及时补防，堵住进攻路线或夺回控球权。如果逼抢球员夺得了控球权，保护球员可以及时接应并发动进攻。

保护的要素：保护球员与逼抢球员的距离是动态变化的，根据不同场区应有所不同，一般为后场 3 ～ 5 米，中前场 4 ～ 8 米。根据持球球员的不同特点变化距离，与技术型球员间的距离应近些，与速度型球员间的距离应稍远些。

保护球员选位要根据临场具体情况随时调整角度，如果同伴堵内放外，保护球员选位角度应偏向外线；如果同伴堵外放内，保护球员选位角度应偏向内侧，配合同伴形成夹击之势。保护球员选位时还应考虑双方人数的对比：二防一时，全力保护、夹击；二防二时，既要保护同伴防突破，又要兼顾自己应盯防的对方接应球员；二防三时，主要是延缓对方的进攻速度，为其他球员争取回防的时间。保护球员还要通过语言指挥同伴进行抢截和选位，同时让同伴知道自己的保护位置。

（2）补位

补位是指防守球员为了弥补同伴在防守中出现漏洞时所采取的相互协助的战术配合。在比赛中，同伴间的相互补位可以有效地遏制和破坏对方的进攻行动，变被动为主动。当前卫或后卫球员插上进攻退守不及时，临近的球员应暂时弥补他的空位，以防对方利用这一空当进行快速反击，如图 3–32 所示。

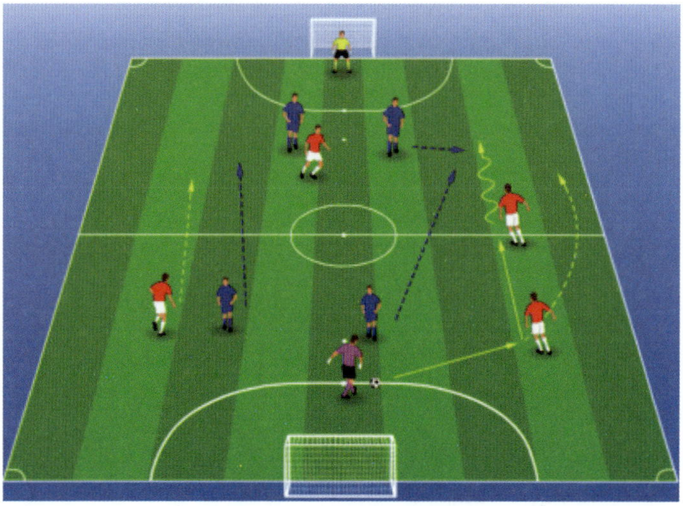

图 3–32　补位示意图 1

注意事项：防守球员能追上自己的对手时，一般不要交换防守和进行补位。

当同伴被突破后，保护球员要及时补位防守，将球夺回来或阻断进攻球员的进攻路线。被突破的球员应立即后撤，选择适当位置转化为保护球员，如图 3–33 所示。

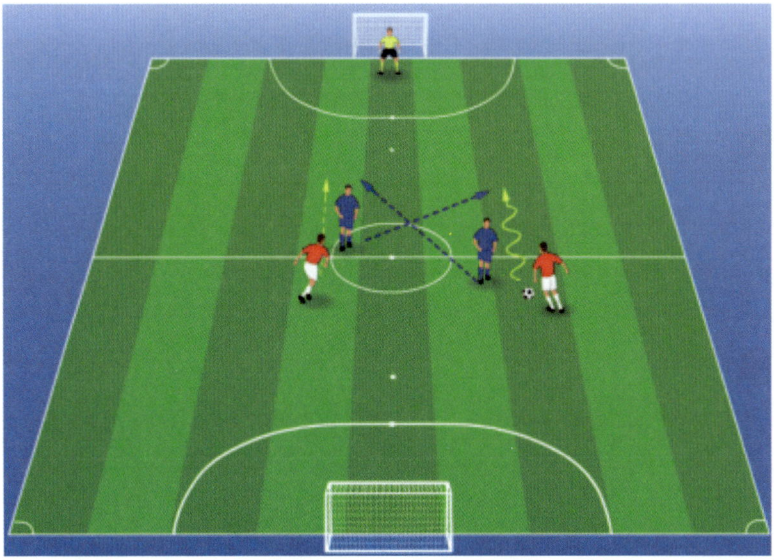

图 3–33　补位示意图 2

注意事项：需要补位时，邻近位置的两名球员之间进行相互补位。

守门员出击时，后卫球员要及时回撤到球门线附近，以弥补守门员位置的空当，防止守门员出击失误，对方突然射空门，如图 3–34 所示。

注意事项：防守球员交换位置，以免打乱防守队形。要保证罚球区及附近的危险区域不出现空当。

（3）围抢

围抢是指两个以上的防守球员从多个方位夹击对方的控球球员，

将球抢夺回来或破坏掉的战术配合。

图 3–34　补位示意图 3

围抢的要素：在围抢的局部地点守方人数占有优势，而且距离较近，思想要统一。被围抢的球员尚未控制好球，他附近又没有接应球员或传球路线时应及时围抢。一般应在边、角场区，对方的身体方向和观察角度较差时或在守方接球、运球、射门时，坚决展开围抢封堵。

注意事项：务必围抢成功，不可疏漏，避免因被突破而造成被动。围抢时应贴身逼抢，但切不可犯规，特别是在门前，一旦犯规被罚点球，将造成不可挽回的损失。

3．整体防守战术

整体防守战术是指全队所采取的防守配合。整体防守战术按形式分为人盯人防守、区域盯人防守和混合防守。

（1）人盯人防守

人盯人防守是一种除自由人以外，其他每个球员都有固定盯人对象的防守形式。这种战术突出的特点是，在全场攻守的每一个时间和空间，两两对垒的情况总是使每一个进攻球员始终处于压力之中。

人盯人防守的要素：要求每一个球员具有较强的个人作战能力，同伴之间要相互协作。当同伴盯人失误时，邻近球员根据场上情况，进行迅速、灵活的补位，以保证整体人盯人防守的严密性。每一个防守球员都应有较强的体力素质，因为在全场范围内，防守球员需始终不停地奔跑和逼抢。

（2）区域盯人防守

区域盯人防守是指每一位防守球员占据一定的活动区域，当进攻者进入该防守区域时，区域防守球员实施严密盯人，以控制进攻者在此区域的一切有效行动。区域盯人防守规定了每一个防守球员的明确任务，但同伴之间仍需必要的协作。当某一区域盯人防守失败时，邻近球员应及时补位，被突破的防守球员应及时与他换位，以求整体防守的有效性。区域盯人防守要特别注意各区域间交界处的防守，因为这些交界处常常由于防守职责不明确而给进攻者可乘之机。

（3）混合防守

混合防守是人盯人防守和区域盯人防守两种形式交织在一起的防守战术。它的最大特点是能根据对手情况，灵活地将人盯人防守和区域盯人防守的优点充分运用，以提高全队防守的效益。混合防守通常选择体力好、个人作战能力强的球员以人盯人防守盯住对方的核心队员，其他球员采用区域盯人防守。

4．定位球防守战术

（1）任意球防守战术

任意球防守战术要素：罚球区附近设置人墙时，防守重点为干扰对手罚球，争取时间，迅速组织人墙。根据罚球地点、角度确定排墙的人数，一般为2～3人。人墙要封住球门近角，守门员应选择最佳位置，既能看清球和罚球者的动作，又能兼顾整个球门的防守。离罚球地点5米左右处排墙，不宜再近，否则当裁判员要求人墙后退至规定距离时，会因影响封堵的角度而造成危险。由守门员指挥，也可由人墙最外侧第二位球员进行指挥，该球员离球大约9米，使近门柱、自己、球成一条直线，以防从外侧绕过人墙的弧线球。排人墙时最高的球员排在外侧，依次向内；球员间要紧靠，双手交叉于裆部。在球罚出后，人墙应迅速压上，有效地封堵和缩小射门角度。切忌过早散开人墙。

（2）角球防守战术

角球防守的要素：一名球员位于离角球区大约9.15米处，一方面干扰传至近门柱的低平球，另一方面干扰对方罚短传配合的战术角球。两个边后卫分别防近、远门柱区域的射门和高球，守门员出击时边后卫应补门。

守门员选位应在球门中后部，斜向站立，这样既可以看到罚球者，也可以看到罚球区内的攻方球员，保护球门及控制球门区。在球门区线附近，防守前、中、后3个危险点和控制球门区外至罚球点间的区域。在罚球点两侧区域，控制罚球点至罚球区的区域。在罚球区线附近，控制罚球区前沿区域，以防对方再次进攻和远射，并做伺机反击的准备。

注意事项：所有球员应高度集中注意力，分工明确，各司其职，人球兼顾，切忌盯人不看球或看球不盯人。防守者应抢占有利位置，始终处在球、对手和球门内侧之间。球门区线的3名球员要有高度，头球好，如果对方有高个子的球员参加进攻，防守方应做相应的调整并重点盯防，在解围或危急时，须抢先触球，踢远、踢高，向两边踢，坚决贯彻安全原则。球一旦踢出，应全线快速压上，压缩对方的进攻时间和空间，且不能造成对方越位。

（3）界外球防守战术

界外球防守战术的要素：当对方掷界外球时，全队要注意力集中，对可能接球的球员要紧逼盯人，同时要相互保护，防止对方切入空当。特别要严防后场掷向门前的界外球，全队要及时回防到位，干扰球员应站在掷球球员附近，限制其掷出低、平弧度的界外球。

注意事项：紧逼进攻球员。

五、聋人足球的施教原则与训练指导建议

聋人足球运动员普遍对休闲娱乐活动感兴趣，喜欢感受刺激，愿意与朋友在一起或结交新朋友，喜欢被接纳，喜欢做自己所擅长的事情，从中体会自信和获得成就感，愿意学习并提高新技能。教练要尽量支持聋人足球运动员积极参加足球运动和训练。

（一）平等对待，换位思考，发挥模范和榜样作用

针对聋人足球运动员社交敏感的心理状况，在相处过程中，教练应当以朋友的姿态与他们相处，思考、模拟聋人足球运动员的心理以及身体状况，切实从他们的角度去体会其需求以及心理变化，从而让他们对教练敞开心扉；也可以尝试着让他们去模仿、学习健全人的生活态度和世界观，为他们树立身边优秀的榜样，以供学习。

（二）清除社交障碍，解决聋人足球运动员的社交回避问题

聋人足球运动员在和健全人交往的过程中常常存在自卑心理，因此他们在健全人面前抬不起头，也羞于和健全人打交道，害怕受到歧视，难以理解和融入社会。面对这种情况，教练首先要从心理上给予辅导，让聋人足球运动员认识到人无完人，每个人都有自己的缺点和不足，并发掘出聋人足球运动员的闪光点，使其树立信心。更重要的是，在鼓励聋人足球运动员与健全人交流的时候，教练应尽量帮他们选择素质较高、相对有同情心，并且懂得和聋人足球运动员相处的群体，防止伤害或者刺激到社交敏感的聋人足球运动员。特教学校的全体教职员工，包括后勤辅助等岗位的职工，都要和聋人足球运动员和睦相处，

尊重他们。

（三）利用视觉优势发挥聋人足球运动员的特长

由于触知觉落后于健全人，且触摸动作少而单调等，聋人足球运动员的感知范围和内容受到了较大限制，使他们的感知不完整、不准确。这导致了聋人足球运动员的视觉感受、视觉反应速度不及健全人。可正如俗语所说："盲者最聪，聋者最明。"对视觉的依赖及经常使用，促进了视觉的迅速发展，聋人足球运动员的视觉感受和视觉反应速度与健全人的差距越来越小，甚至超过健全人。针对聋人足球运动员的视觉优势的开发、培养以及让聋人足球运动员意识到自己的长处，从而树立自信心是让聋人足球运动员摆脱自卑情结的根本方法。这就要求教练在教学指导过程中多采用实物演示、现场教学、电化教学、情境教学以及实验教学等方法，提高聋人足球运动员的触觉感知以及视觉能力。

（四）建立心理健康档案

针对聋人足球运动员的心理咨询要对每个个体的具体问题具体分析，这就要求心理咨询教练通过合适的方法定期、不定期地与他们交流谈心，并把了解到的聋人足球运动员的心理状况记录下来，拟订好心理辅导计划，并且要记下心理辅导效果，整理所有资料，建立心理健康档案，以备查阅，做好进一步的心理教育工作。教练也可定期对聋人足球运动员的心理档案进行了解，掌握其心理动态。

（五）正确处理家长、学校、运动员之间的教育关系

家庭教育因其启蒙性、连续性、终身性、潜移性的特点对聋人足球运动员的心理素质的形成和发展具有不可替代的作用。完整的家庭结构、温馨的家庭教育氛围、科学的教养态度是运动员心理健康发展的重要保证。学校通过成立家长学校、开展家教咨询、召开家长座谈会等帮助家长提高修养，转变观念，掌握科学的家教方法，创造良好

的家庭环境，并通过家访、电话访谈、学校开放周、走访成功家长等方式，使学校与家庭及时沟通，使教练与家长统一认识、统一步调、分工合作，形成教育合力，确保聋人足球运动员的心理健康发展。

（六）训练指导建议

1．教学沟通

与聋人足球运动员沟通的困难存在于生活和学习的方方面面，在参与足球运动时也不例外，聋人足球运动员在学习足球战术和个人技巧的时候必须以理解教练的意图、领会教练的想法为前提。在针对健全人的足球训练中，正确理解教练的意图也是训练的难点，这对于依赖简单手语进行交流的聋人足球运动员来说更为困难。

聋人足球运动员对于一知半解的内容有时也会点头表示认可或者同意，在运动过程中，实际表现往往和自己的理解大相径庭。因此，教练必须具备用手语进行交流的能力，在熟练掌握手语沟通技巧的情况下开展教学工作。

实践中，针对聋人足球运动员无法理解场上角色的情况，教练必须亲力亲为，多做示范，并扮演多重角色，以形象的示范来弥补手语表达无法传达的内容。对于战术部分，如处理球的方法、传球的时机、机会的判断等内容，更加需要教练以神情暗示、肢体动作结合手语来综合表达。

2．团队配合

聋人足球运动员无法使用语言或声音发出关于比赛的指示，也无法便捷地接收教练或是场上队长的指令，给团队配合带来了很大的压力。聋人足球运动员进行比赛时更多地以眼神和手势进行配合。以眼神和手势传达彼此的意图需要球员之间互相熟悉对方的习惯和想法，这就需要聋人足球运动员之间有着更为默契的配合和更加成熟的战术思路。

3. 交流方法

（1）应微笑地提前打招呼，多注视聋人足球运动员的眼神和手势，如看不懂手语，可进行笔谈。要主动为对方解释周围发生的事情，并坦然面对他们的眼神。任何窃窃私语或转身相背都可能引起误解。与聋人足球运动员进行文字交流要简单易懂，用语要直截了当，注意使用文明用语，避免用晦涩、幽默或说反话等方式，以免引起误解。

（2）用手语交流时要注意准确性和表情配合，防止沟通时出现误解。聋人足球运动员参加活动时，我们要以信任、友好的心态和表情对待他们，对他们的特殊困难要尽可能给予帮助。

（3）树立正确的残疾人观，了解聋人足球运动员的心理知识，尊重聋人足球运动员的人格，帮助他们实现人生价值，冷静地分析聋人足球运动员出现的问题，消除聋人足球运动员在学习和工作上的紧张、孤独、无助和自卑心理。

特奥足球

特奥足球是专为智力残疾人设立的体育项目，图 4–1 所示为特奥足球比赛现场。特殊奥林匹克运动会设定的正式比赛项目有个人技术、五人制（室外）、七人制（室外）、十一人制、室内五人制、融合五人制、融合七人制、融合十一人制及融合室内五人制。患有唐氏综合征的运动员不能参加队制比赛，但可参加个人技术比赛。目前，有 60 多个国家和地区开展了特奥足球运动。1987 年，特奥足球被列为全国特奥运动会正式比赛项目。目前开展较为普遍且利于开展的特奥足球项目是五人制特奥融合足球。

图 4–1　特奥足球比赛现场

一、特奥足球运动员的身体特征

特奥足球运动员因发育不全或智力发育迟缓，个体差异大，因此在对特奥足球运动员进行训练指导时，教练应当充分了解其身体特征，科学地、有针对性地进行训练。

（一）身体形态

特奥足球运动员的身体形态总体上表现出平均身高偏低、平均体重偏重、体重的增长速度高于身高的生长速度、平均胸围明显高于同龄健全人等特征。唐氏综合征特奥足球运动员的超重及肥胖的比例相较于其他类型特奥足球运动员的更高。

（二）身体素质

特奥足球运动员的动作技能发展迟缓，动作技能学习受阻，加上环境因素，使其得不到较好的体育锻炼。因此，特奥足球运动员的身体素质与同龄的健全人相比有显著的差异，尤其是重度智力残疾特奥足球运动员，其身体的反应速度慢，力量耐力水平低，机体调节控制能力差。唐氏综合征特奥足球运动员的身体素质表现出肌肉缺乏弹力，关节松弛，反射神经发育缓慢，动作的协调性、平衡性差，时空感觉迟钝，重心移动能力差，追捕移动物体困难等特征。

（三）运动能力

特奥足球运动员的身体和运动能力发育迟缓，这与其智力功能发育迟缓有关。智力残疾程度越重，身体和运动能力发育水平就越低。唐氏综合征患者的走路姿态有脚拖地的现象，并且走路时腿向两边分开较多。重度智力残疾者一般表现为身体姿态偏差、上体不能保持正直，有前倾、后倾现象。作为专业人员，教练在制订特奥足球运动员的体育活动方案时需清楚其病史，了解其身体和运动发育特征等。

二、特奥足球运动员的心理特征

特奥足球运动员的感知能力、记忆力、思维能力、言语表达能力、情感意志等远落后于健全人。特奥足球运动员和健全人之间有共性，二者的心理都是随年龄的增长而向前发展的，但特奥足球运动员比健全人发展迟缓，主要表现为发育的起点低，发展的速度慢，达到的水平低。因此，在对特奥足球运动员进行训练指导时，教练应当充分了解其心理特征，科学地、有针对性地进行训练。

（一）认知特征

特奥足球运动员的感知速度慢，范围窄，感知信息容量小，观察不精确。

苏联心理学家 K. N. 维列索茨卡娅做过一个实验，把一些画有儿童熟悉的物体（如苹果、桌子、猫、铅笔等）的图片给接受实验的人看，要他们认出图片上的物体。接受实验的人分成 3 组：成人组、健全儿童组（普通小学一年级儿童）和智力障碍儿童组（辅读学校一年级儿童）。第一次展示呈现时间为 22 微秒（1 微秒 =1/1000 秒），成人组能正确认出 72% 的物体，健全儿童组能正确认出 57% 的物体，智力障碍儿童组不能正确认出任何一个物体。第二次图片展示呈现时间增加到 42 微秒，成人组能正确认出全部物体，健全儿童组能认出 95% 的物体，而智力障碍儿童组只能正确认出 55% 的物体。可见，智力障碍儿童组的感知速度几乎比健全人慢一半。

特奥足球运动员的语言发展晚，简单贫乏，缺乏连贯性。健全儿童 1 岁半后语言发展迅速，掌握的词汇量急剧增加，到 3 岁末时已基本掌握语言交际的能力。而智力障碍儿童一般在 2 ～ 3 岁时才会说一些单个的词，5 ～ 6 岁时才会说简短的、内容贫乏的和不合语法的句子。到入学之前，他们的语言发展还很落后。智力障碍儿童在表达自己的思想和要求时，常常讲不清楚，说话缺乏条理性和连贯性，使别人无法理解。7 ～ 8 岁时智力障碍儿童往往只能用简单句子来表达自己的思想和感情，说不出要说的话时就用手势或点头、摇头表达，像婴幼儿一样。智力障碍儿童的词汇贫乏，语法简单。入学前的健全儿童已掌握

2500～3000个词语，对词语内涵的理解较丰富，使用的词类也较全面。而入学前智力障碍儿童只能掌握几百个词语，而且积极词汇非常贫乏，很少使用形容词、副词和连接词，对所掌握词语的内涵理解也很不全面。

因此，特奥教练员在教学指导过程中必须充分注意特奥足球运动员在认知方面的特点，教学与指导过程应尽可能放慢速度，语言表达要简单清晰，以助其充分理解。

（二）思维特征

特奥足球运动员在做某件事时，往往无法集中精神专注一段时间。他们常常东张西望，摸这儿触那儿，或离开座位，或和他人讲话、打骂嬉闹，以致影响学习、练习成效。他们也常因受到周围环境的吸引而分心，除非是他们深感兴趣的事物，否则很不容易在一段时间内把注意力维持在特定东西上。他们做事很少有特定目标。

特奥足球运动员的形象思维多，不善于分析、综合、抽象、概括，难以理解事物的内在联系。思维是人脑对客观事物间接、概括的反映。思维的特点一是间接性，二是概括性。特奥足球运动员这两个方面都很差，他们的思维常摆脱不了具体事物和表象的纠缠，不能在互相比较中把握事物的本质属性和联系。例如，回答“鸡和鸭的区别”时，他们不善于在比较中找出二者的不同点和相同点，更难以透过现象深入分析其本质。因而他们常常只能说“鸡有脚”“鸡有翅膀”“鸡有眼睛”等，不会指出“鸡和鸭都有翅膀”等，更不会指出鸡爪和鸭掌的不同，更难以说出“为什么”。他们回答这个问题，思想上还只是以某只具体鸡或鸭的表象为依据。特奥足球运动员在分类、归纳方面的能力较弱，因此不易自行整理东西。

特奥足球运动员的思维活动内容贫乏。特奥足球运动员的感知活动发展落后，为大脑的分析、综合提供的信息少，形成特奥足球运动员感知和思维之间的不良循环。

特奥足球运动员的思维缺乏积极性，心理需要水平低，活动动机层次低，心理动力系统力量薄弱，再加上神经活动惰性的存在，因此缺乏思维的积极性。

特奥足球运动员的思维缺乏灵活性，适应能力和应变能力差。特奥足球运动员常表现出不善于应变、直线而呆板的思考方式以及不会因时制宜的墨守成规的行为。

（三）情感特征

（1）不稳定、不深刻。特奥足球运动员的情感不稳定，表现为情感易变化和冲动，易受外界情景的支配，如忽然“破涕为笑”或“转怒为喜”。他们的情感表露在外，内心的体验不深刻，比较单调和极端，只有高兴和伤心或满意和不满意。

（2）情感反应和引起情感的外部作用不相符。例如，教练讲课时不好笑的内容会引起特奥足球运动员哄堂大笑，而真正十分引人发笑的内容他们却不发笑。

（3）控制和调节情感的能力差。特奥足球运动员控制和调节情感的能力差，很难以社会所要求的道德行为标准来调节和控制自己的情感，如当他们的需要未被满足时，他们就会不分场合地大吵大闹。

（4）有病态的情感。特奥足球运动员有时会表现出一些病态的情感，如细小的刺激引起兴奋爆发的反应，失去了儿童应有的兴趣、爱好，情感淡漠，对生活、对人漠不关心。

（5）主动性不足。特奥足球运动员的主动性一般较差，在家里大多不会主动做家务，在学校里大多不会主动完成作业。

（6）不可遏止的冲动性。特奥足球运动员由于自我控制能力差，对外部的刺激常不能很好地辨认、理解和做出合理的反应，以致会做出很原始的反应。这种原始的反应受激情的支配，不经过是非判断和思考就直接转化为行动，他们也不考虑行为所产生的后果。例如，特奥足球运动员遇到不满意的事会将自己心爱的玩具或家里珍贵的东西摔坏。

（7）易受暗示和脾气固执。特奥足球运动员一方面易受暗示去做别人故意唆使他做的不该做的事；另一方面对别人的合理建议却不能接受，显得很固执。

（8）缺乏学习动机。特奥足球运动员因智能不足怕竞争而缺乏学习驱动力，在缺乏驱动力的情况下不容易做好一件事，因而很少得到周围人的赞美，以致在日常生活中挫折感多于成就感，缺乏自信，学习动机自然也就被扼杀了。特奥足球运动员的学习动机虽然不足，但改善他们的成长环境，培养他们的自信心，激发他们的学习动机，却是一件极为重要的事情。

（9）仰求外助的心理。特奥足球运动员在成长过程中，失败经验多于成功经验，自信心未建立，怯于尝试。叫他们执行任务，他们常会说“不会”“不敢”。他们对教练和家长有一种特殊的依赖感。他们的内心对于失败的预期高于对成功的预期，一遇到问题不是逃避就是等待他人代劳或直接向他人求助。这种仰求外助与预期失败的心理使他们缺乏冲劲与竞争的观念。

（四）记忆特征

特奥足球运动员的记忆速度慢、遗忘快，机械记忆多。很多研究指出，智力残疾人的注意力不佳，不善于主动使用复述策略和自行组织所接收的信息，这是他们记忆速度慢、遗忘快的主要原因。但他们一旦学会或记住某件事、某个概念，就能跟一般人记得一样好，也就是说，在长期记忆方面，特奥足球运动员和健全人并无多大差异。因此，将学习材料加以组织，使教学过程条理分明、系统明确、结构严密、步骤细小，再加上充分的学习，特奥足球运动员就能学得牢固，而不至于学学忘忘。

三、特奥足球的基本技术和战术

特奥足球的基本技术和战术同聋人足球基本相同，可参见聋人足球有关内容，也可通过其他途径了解五人制足球基本技术与战术，在此不再赘述。需要注意的是，智力残疾人因身体、心理、智力水平明显低下，在练习基本技术与战术方面，需要经历重复且漫长的训练过程。在掌握个人技术后，战术练习应以简单、直接为原则。

四、特奥足球的施教原则与训练指导建议

（一）建立良好的师生关系

成功的教练首先要与运动员建立良好的师生关系。特奥足球运动员胆小、孤独、自卑，不愿与人接触。因此，教练应当积极与他们接触，在交往中使他们感受到教练的关怀与爱心，渐渐获得他们的信任。一开始，教练可友善而耐心地与他们接触，可以扮演一个积极的游戏伙伴，诱导他们去玩。在共同游戏的过程中，他们就会逐渐信任教练，愿意与教练接触，这种接触和交往则是今后对他们进行教育的基础。

（二）激发特奥足球运动员学习的积极性

由于智力水平低，行为活动能力受限，自信心受到不同程度的损伤，加之周围环境的某些冷遇、歧视，甚至欺凌、侮辱，自尊心受挫，这些会使特奥足球运动员丧失自信心，从而产生一种负面心理，严重影响他们的身心发展和缺陷补偿，这种相互影响往往会在他们身上形成恶性循环。

教学训练中，教练与家长需要相互配合，逐步恢复和增强特奥足球运动员的自信心。有自信心就能使特奥足球运动员产生将事情做得好一些的愿望，从而帮助他们树立起内在精神支柱，增加他们学习的积极性、主动性，这是教育取得成效的先决条件。恢复和增强特奥足

球运动员的自信心，激发他们学习的积极性，这是特殊教育成功的重要因素之一。

教练用最直接的方式消除特奥足球运动员的消极情绪，使他们明白参加足球训练的任务是什么，足球训练能够带来什么，使他们感到自己不是被抛弃的人，让他们体会到被尊重、被群体接纳的喜悦，这样他们的自信心就会逐渐得到恢复。

（三）安排适当的教学内容，培养多方面的兴趣

在教育内容的安排上，教练要清楚地知道运动员的接受能力，使绝大多数运动员理解教学内容，并通过努力完成。这样运动员就可体会到学习上获得成功的喜悦，并相信自己是有能力的，通过努力是能够成功的，逐步树立起自信心，调动起学习的积极性。

特奥足球运动员缺乏学习动力，对特奥足球运动员进行教育应重视培养其多方面的兴趣。教学内容要有趣味性，教学方法要注意引起运动员的兴趣，使教学过程成为教学双方积极活动的过程。

（四）加强直观性教育

特奥足球运动员的感性知识较贫乏，掌握抽象概念很困难，他们的思维多停留在知觉和表象的分析上。对他们的教育应特别强调直观性原则，同时激发他们学习的兴趣，使教育获得较好的效果。

直观手段多种多样，如实物、图像、模型、幻灯、电视、电影等，也可组织运动员外出参观。直观手段的运用还包括教练的直观语言和动作示范。教练的语言要形象、具体、生动、有趣，介绍新知识时，要做形象的描绘，有时教练要用手势或身体的动作进行示范，帮助运动员理解和掌握所学内容。

（五）充分掌握每个特奥足球运动员的特点，因材施教

特奥足球运动员有共同的身心特点，但个体差异较大，智力水平高低不同，接受能力也很不相同。教练必须对每个学员的身体、智力、

受教育情况和家庭背景进行调查和分析，建立健康和学习档案。此外，教练还需要对运动员做深入观察，了解他们的个性特点和家庭对他们的态度，正确地提出教育、训练要求，制订有效的教育计划。

（六）训练指导建议

1．强调小步子程序训练

所谓小步子程序训练，是指把训练的内容分解成细小的步骤，按预定的目标一步一步有计划地进行训练，最后达到训练的目标。例如，脚内侧传球，应将每个动作的分解环节依次进行教授，直到他们掌握为止，这样较易获得学习成果，而且还可以缩短学习时间。把一连串动作混在一起教，是一种徒劳无功的做法。

2．充分练习，不断巩固

特奥足球运动员对所学习内容容易遗忘，即使有记忆，也往往很零碎且不准确。因此，教练在指导特奥足球运动员练习时，必须运用各种方法促使其对所学内容充分练习，利用一切机会不断巩固，这也是获得教育效果的重要环节。所谓充分练习，是指同样的学习内容，特奥足球运动员需要比一般健全人练习得更多，甚至增加几倍的练习量。为了不使特奥足球运动员对练习产生厌倦，教练要运用各种方法和机会，以达到巩固的目的。

3．热爱运动员

如果特奥足球运动员在行为、情绪、个性方面常有不良表现，教练不能厌恶和嫌弃他们，对他们的不良表现和过错严加训斥、横加指责，要以持之以恒且满腔热情的工作态度对待他们，耐心地予以启发、指导。对于他们力所能及的学习任务，应要求他们完成，不能因为他们是智力残疾人而降低学习要求。对智力残疾人教育的成功，除了需要教育者比从事一般教育工作的人有更强的无私奉献精神和对受教育者的爱心外，还要求他们具有更大的耐心和毅力。

4．以奖励为主，强化特奥足球运动员的正确行为

奖励能提高特奥足球运动员练习的积极性。因为奖励会使他们感到愉快，为了继续感受到愉快，他们会重复那些受奖励的行为，使行为稳定化、习惯化。值得注意的是，奖励应是立即或短期内能得到的，要恰当地运用奖励的方法来促进特奥足球运动员的学习。常见的奖励方式见表 4–1。

表 4–1　常见的奖励方式

奖励方式	含义
消费品奖励	主要指饮食上的奖励
操作活动奖励	指在特奥足球运动员的恰当行为之后，允许其进行一定的活动作为奖励，如做游戏、玩玩具、给教练当助手，或让其第一个进行某项活动，这些活动大多是特奥足球运动员感兴趣的
拥有性奖励	指给予特奥足球运动员所喜欢的某些小物品，如餐具、皮球、手帕、蝴蝶结等小玩意儿
社会性奖励	主要指口头表扬与符号奖励。口头表扬要形式多样、内容具体。形式多样指表扬要直接具体地指明所肯定的行为，笼统地表扬效果不佳。符号奖励是结合口头表扬再给一个符号，如在名单上贴上小红花或五角星。一天或一星期后，看谁的五角星或小红花多，以激励特奥足球运动员保持学习成绩。教练友善地拍肩、握手，用目光注视、微笑、点头等都可以作为对特奥足球运动员的奖励

残疾人足球运动员的体能训练

在足球运动中，体能是指足球运动员表现出来的适应足球比赛的持续、高强度的间歇性活动的能力。体能的构成要素主要有速度、耐力、力量、灵活性和协调性。足球比赛对体能的要求包括基础耐力、冲刺速度、专项耐力、身体对抗能力和射门力量等。在健全人足球领域，已有很多关于体能的研究，本书仅对残疾人足球运动员在力量、速度、耐力、柔韧性、协调性上的训练做简要介绍。

一、力量

力量是指人体的肌肉力量对抗外来阻力的能力。力量训练可以提升运动员身体的平稳性、稳定性，使其更好地控制身体和速度。以下介绍几种力量训练方法。

（一）负重深蹲

负重深蹲动作如图 5–1 所示。

目的：提高大腿和臀部肌群的力量。残疾人足球运动员多为业余选手，建议年龄在 16 岁以上，并在保护条件下开展。

方法：肩负杠铃，双手扶在肩两侧的杠铃杆上，双脚与肩同宽站立，直背、抬头。下蹲至大腿与地面平行，双膝不要分开太大。向下运动时呼气，向上运动时吸气，重复练习。为保护运动员的身体不受损伤，教练应根据其身体情况安排训练负荷。

图 5–1　负重深蹲

（二）徒手下蹲跳

徒手下蹲跳动作如图 5–2 所示。

图 5–2　徒手下蹲跳动作

目的：发展大腿和小腿后部肌群的力量。

方法：直立、直背抬头，双脚与肩同宽站立。下蹲至大腿与地面平行或更低，利用大腿的力量尽量高地跳起。向下运动时呼气，向上运动时吸气，迅速下蹲，重复练习。

（三）宽握引体向上

宽握引体向上动作如图 5–3 所示。

目的：发展躯干两侧肌群的力量。

方法：双手掌心对前方，以较宽间距直臂握住头上的单杠，使身体悬垂。向上拉引身体，力图使下颌接触单杠，返回开始姿势。拉引身体时吸气，下降时呼气，重复练习。

图 5–3　宽握引体向上

（四）垫高小腿仰卧起坐

垫高小腿仰卧起坐动作如图 5–4 所示。

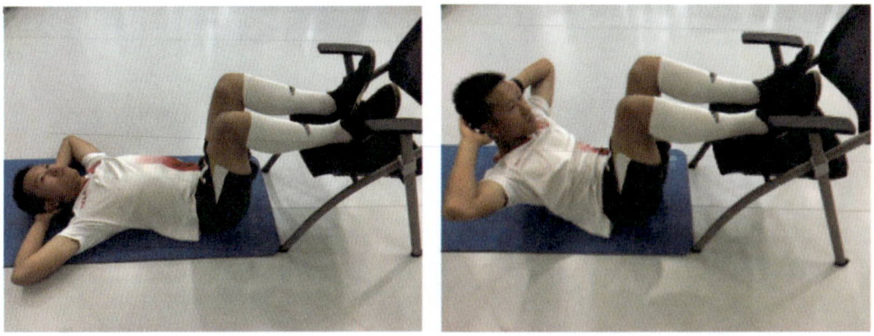

图 5–4　垫高小腿仰卧起坐

目的：发展腹肌上部力量。

方法：仰卧，将小腿放在长凳上，大腿与身体形成 45° 夹角。将双手交叉于脑后，尽量高地提起上体。提起上体时呼气，落下时吸气，重复练习。

二、速度

速度是指人体在最短的时间内执行运动行为的能力，通过训练可以提升运动员在短时间内快速移动的能力。以下简要介绍两种提升速度训练的方法。

（一）静止 30 米往返跑

方法：静止起跑，至 30 米终点后，以手触线，折回跑，至起点再次触线变向，共往返 2 次。间隔 5 分钟再进行下一组。

（二）200 米跑

方法：静止起跑，至 200 米终点。间隔 5 分钟再进行下一组。

三、耐力

耐力是指人体进行某项活动的耐久能力。通过耐力训练可以提升运动员对抗疲劳的能力。以下简要介绍两种提升耐力的训练方法。

（一）变速跑

变速跑是指在确定时间或距离后，改变跑动速率的跑步练习。这种方法不但能提高有氧耐力，也能提高爆发力。练习时间建议为 20 ～ 30 分钟。

（二）长跑

长跑是指以一定的速率进行较长距离的跑步练习。练习时间建议为 20 ～ 30 分钟。

四、柔韧性

柔韧性是指人体完成最大幅度的运动技能而不会在恢复到起始姿势的过程中发生延迟或损伤的能力。以下简要介绍几种提升柔韧性的训练方法。

（一）正压腿

目的：主要用来发展腿部后侧肌肉的柔韧性。

方法：面对一定高度的物体站立，一腿提起，把脚跟放在该物体上，脚尖勾紧。两手扶按在膝关节上，两腿伸直，腰背挺直，髋关节摆正，上体前屈并向前、向下做压振动作。两腿交替进行。

（二）侧压腿

目的：主要用来发展腿部内侧肌肉的柔韧性。

方法：侧对有一定高度的物体，一脚支撑，另一脚抬起，脚跟放在该物体上，脚尖勾紧。两腿伸直，腰背保持直立，髋关节向前方，然后上体向抬起的腿侧倾倒并压振。左右腿交替进行。

（三）前俯腰

目的：主要用来练习腰部向前运动的能力和提升腰部的柔韧性。

方法：并步站立，两腿挺膝夹紧，两手十指交叉，两臂伸直上举，手心向上。然后上体前俯，两手心尽量向下贴地面，两膝挺直，髋关节屈紧，腰背部充分伸展。两手抱住脚跟，使胸部贴紧双腿，充分伸展腰背部。持续一定时间后再放松起立。

（四）腰旋转

目的：主要用来练习腰部的左右旋转幅度。

方法：两脚左右开立，略宽于肩，两臂自然垂于体侧，以髋关节为轴，上体前俯，然后以腰为轴，使上体做顺时针或逆时针旋转。同时，双臂随上体做顺时针或逆时针的绕环动作，以增加腰部旋转的幅度和力度。

五、协调性

协调性是人体神经肌肉的一种能力，可使人体活动更有组织性、更规范，并能够准确地执行动作命令，并形成能量使用效率更好的动态行为。以下介绍几种提高协调性的指导建议。

（一）肩绕环

方法：由直立双臂上举开始，一臂直臂向前、向下、向后、向上画圆摆动，同时另一臂向后、向下、向前、向上画圆摆动，均以肩关节为轴。

（二）纵跳

方法：双脚并拢向上跳。

（三）前后跳

方法：双脚并拢向前或向后跳。

（四）转向跳

方法：双脚并拢向上跳，但跳起后，转向 180° 着地，身体与双手要维持平衡，可向左或向右转。

残疾人足球运动中的运动损伤与急救处理

一、常见运动损伤及处理建议

（一）踝关节扭伤

运动员因场地不平，或被对方蹬、踩、绊等动作伤害，造成内、外侧踝关节和高位踝关节扭伤。临床表现为：伤后迅即出现扭伤部位的疼痛和肿胀，随后出现皮肤瘀斑。

处理建议：扭伤后应停止参加比赛活动，高抬患肢，12 小时内冷敷，24 ～ 36 小时内热敷。重伤者需转至医院做进一步检查和治疗。

（二）肌肉拉伤

肌肉拉伤是肌肉在运动中急剧收缩或过度牵拉引起的损伤。临床表现为：拉伤部位剧痛，用手可摸到因肌肉紧张形成的条索状硬块，触碰时疼痛明显，局部肿胀或皮下出血，活动明显受到限制。

处理建议：轻者可喷冷冻剂，加压包扎、加护腿；重者行走困难，高抬患肢，停止比赛。肌肉拉伤后，除上述处理外，24 小时后可局部进行烤电、穴位中药离子透入等物理治疗，或外敷活血化瘀的膏药。

（三）肌肉痉挛

肌肉痉挛是一种肌肉持续不自主的强直收缩。临床表现为：肌肉僵硬、疼痛难忍，可持续几秒到数十秒。

处理建议：牵引痉挛肌肉，点掐或针刺涌泉穴，补充盐水和维生素 B_1。

（四）骨折

骨折是指骨结构的连续性完全或部分断裂。常见骨折分为两种：

一种是皮肤不破，没有伤口，断骨不与外界相通，称为闭合性骨折。另一种是骨头的尖端穿过皮肤，有伤口与外界相通，称为开放性骨折。临床表现为疼痛、压痛、局部肿胀、瘀斑、骨畸形、骨错位、开放性伤口。

处理建议：不能随意搬动伤者，以免加重伤情，应使用担架将伤者转至医院，做进一步治疗。

（五）半月板损伤

膝关节因半屈曲位，做内收、外展或内外旋转时半月板卡在膝关节腔内，突然伸直或屈曲膝关节，使半月板受到股骨和胫骨的夹挤、研磨而造成损伤。临床表现为：受伤后随即出现疼痛或出现关节活动时疼痛、不适，或活动时伴有关节间隙弹响感。

处理建议：使用担架将伤者转至医院做进一步检查和治疗。

（六）急性腰扭伤

因剧烈运动造成腰部肌肉、韧带等软组织突然受到过度牵拉而引起的急性腰扭伤。临床表现为：突然出现腰部疼痛，不能做任何动作，体位改变时疼痛加重。

处理建议：平卧硬板床，冰敷，配合消炎止痛药物，一周后可进行局部红外线或磁疗等物理治疗。

（七）胫腓骨疲劳性骨膜炎

因跑跳时间过长，小腿肌肉在胫腓骨的附着点受到过分牵拉，刺激骨膜而引起炎症。临床表现为疼痛、压痛、肿胀、后蹬痛。

处理建议：减少局部负荷，热敷、按摩、抬高患肢。严重者用弹力绷带包扎，配合中药外敷、按摩、理疗。

（八）伤后恢复注意事项

足球运动是激烈的高对抗项目，运动损伤不可避免，伤后需要进行系统全面的康复训练。首先，根据运动损伤类型及程度，听从医嘱，合理安排伤后训练，通过练治结合的方式，更好地促进运动损伤的功能恢复，防止二次受伤。其次，康复训练应遵循循序渐进、系统性、及时性及针对性原则，在准确了解患者运动能力的前提下，制订康复训练计划，不盲目增加训练内容，同时不断调整训练内容和强度。

二、残疾人足球中的常见运动损伤及预防

（一）盲人足球中的常见运动损伤

由于项目的特殊性，盲人足球比赛活动中常发生因相撞引起的外伤及内伤。外伤主要集中在眉骨、鼻骨及牙齿部位，临床表现为眉骨撕裂、鼻骨骨折及牙齿松动或脱落。内伤是由头部相撞而导致的脑震荡，临床表现为耳鸣、呕吐、头痛、眩晕。

处理建议：非开放性外伤，24 小时内在损伤部位冰敷，防止肿胀出血。开放性损伤要及时止血，根据伤情转至医院做进一步治疗。脑震荡应根据自身情况，立即去医院做进一步治疗，以免耽误病情。

（二）聋人足球中的常见运动损伤

聋人运动员受听力障碍的影响，各部位机能发展不平衡，肌肉间协调能力较弱，常发生韧带损伤，主要集中在踝关节、腕关节、肩关节和膝关节处，临床表现为关节局部疼痛、压痛、肿胀、活动障碍。

处理建议：轻者局部冷敷，加压包扎，抬高患肢，可服用镇痛药；重者需转至医院做进一步治疗。

（三）特奥足球中的常见运动损伤

智力残疾人不同于听力障碍者和视力障碍者，因其适应行为障碍，对意外反应迟钝，身体不能在第一时间做出规避动作，导致受到外界的冲击更易产生运动损伤，常见为软组织挫伤，主要有擦伤、撕裂伤及摔伤。临床表现为皮肤渗血、肌肉疼痛、肿胀及功能障碍。特别要注意的是，智力残疾人摔倒后没有快速保护动作，容易导致头部着地，引发脑震荡。

处理建议：软组织损伤轻者在药物的治疗下可自愈，重者需转至医院做进一步治疗。建议智力残疾人头部着地后尽快去医院做进一步检查和治疗，避免二次伤害。

（四）残疾人足球预防运动损伤的注意事项

1．掌握足球运动损伤常识，提前预防

残疾人足球教练应重视运动损伤，加强对运动员的保护。目前，国内外对足球运动损伤有全面且深入的研究，可借助互联网、专业书籍等渠道学习并掌握科学的预防手段，并积极应用于日常残疾人足球运动比赛活动中。

2．因人而异，科学安排训练负荷

控制训练负荷是预防损伤的主要途径之一，不同的残疾人群所承受的运动负荷应有所不同。因此，教练在制订训练计划时首先应充分考虑残疾人群类别、个体差异后，制定训练内容和负荷量；其次应循序渐进地增加负荷量；再次应科学地探求负荷量的临界值；最后需建立科学的诊断系统，提高运动训练水平。

3．做好热身和放松活动，加强易伤部位的保护和训练

训练前、后应充分拉伸关节韧带及关节周围的肌群，对于易伤部位应采取各种辅助手段进行有针对性的练习，提高应激能力，加强薄弱关节的训练以适应较大强度、运动量的训练和比赛要求。同时，可运用肌力贴对各易伤部位进行保护和帮助。

4．注重身体素质全面发展

身体素质包括力量、速度、耐力、灵敏性、柔韧性等。在开展针对性练习时，教练应做正确的示范动作并及时予以保护、监督和指导。应特别注重灵活性练习，针对不同的运动项目对灵敏技能的不同要求进行练习，尽量降低肌肉损伤的概率。

5．加强健康教育宣传和建立医疗档案

首先，残疾人足球教练应掌握基本的运动损伤预防与治疗知识，提高残疾人运动员对运动损伤的认识。其次，应加强医务监督，为每位运动员建立医疗档案，全面掌握运动员的伤病情况，有助于了解损伤的规律和特点，从而“对症下药”，早期发现并及时处理损伤事故，避免或减少损伤给运动员带来的伤害。